고수의 처신법

고수의 처신법

A MASTER'S
WAY OF BEHAVING

한근태 지음

SNOWFOX

처신이란 무엇인가?

처신을 잘 해야 한다는 말을 많이 한다. 용이 얕은 물에 가면 새우가 놀리고, 호랑이가 들판에 나오면 개가 놀린다. 어울릴 만한 곳에 가서 놀아야 한다. 그렇다면 처신이란 무엇일까? 내가 생각하는 처신은 자신의 지표를 확인하는 것, 자기 몸이 있어야 할 자리를 구분하는 능력이다.

처신의 한자는 곳 처(處), 몸 신(身)이다. 몸을 두는 곳이란 뜻이다. 처신이란 자기 몸이 있어야 할 자리를 구분할 수 있어야 하는 것이다. 갈 곳과 안 갈 곳을 구분하는 것이다. 갈 곳에는 가고, 가지 않아야 할 곳은 가지 않는 것이다. 모든 일이 그러하듯 '해야 할 것'을 이야기하는 것보다 '하지 말아야 할 것'을 이야기하는 게 명확한 이해에 도움이 된다. 능력이 안 되는 사람이 높은 자리에 가는 것이 대표적이다. 장관후보자 청문회를 보면 그런 생각이 든다. 그냥 보기에도 도저히 장관감이 아니다. 인사권자와의 관계 덕분에 장관 후보에 오른 것뿐이다. 그럼 처음 요청을 받았을 때 사양해야 한다. 누가 봐도 아닌 사람이 그런 자리에 올라 무얼 어떻게 하겠다는 것인가? 하늘이 알고 땅이 알고 본인이 알 것 아닌가? 그런데 그것을 무시하고 강행한다. 결과는 본인의 모든 것이 까발려지고 망신살이 뻗친 상태에서의 낙마다. 요행으로 장관 자리에 오를 수는 있지만 오래 갈 수도 없고 직원들의 경멸만 살 뿐이다. 더 큰 불행은 그로 인한 국가적 낭비다. 쓸데없는 논쟁, 서로에 대한 미움 등으로 본인도 손해보고 사회도 손해를 본다. 사실 일반인에게 처신의 잘못은 개인의 불행으로 그치지만 높은 자리의 잘못된 처신은 국가적 불행으로 이어진다.

다음은 역할에 대한 처신이다. 이 역시 직급이 올라가면서 헷갈린다. 사업부장과 사장의 경우가 그렇다. 둘은 역할이 다르다. 하지만 역할 구분이 명확하지 않다. 알아서 해야 한다. 그런데 사장이 사업부장을 젖히고 그 밑의 직원을 불러 상황을 파악하거나 지시하는 경우가 있다. 그럼 사업부장 입장에선 난감하다. 완전 허수아비가된 꼴이다. 사정이야 있겠지만 이 역시 처신이 잘못된 것이다. 그렇기 때문에 늘 역할에 대한 재정립이 필요하다. 서로가 서로의 역할에 대한 기대와 피드백을 수시로 해야한다. 역할에는 세 가지가 있다. 내가 생각하는 내 역할, 부하가 생각하는 내 역할, 상사가 기대하는 내 역할이 그것이다. 제대로 된 처신은 내 역할을 명확히 하고 내 역할에 충실한 것이다. 다른 사람의 과제에 함부로 관여하지않는 것이다.

보통 사람들에게 처신이란 무엇일까? 들어갈 때와 빠질때를 구분하는 것이다. 할 말과 하지 말아야 할 말을 구분하는 것이다. 나서야 할 때와 물러서야 할 때를 구분하는것이다. 대표적인 것이 자녀의 대학 전공선택, 배우자 선택 문제 같은 것들이다. 내 주변에는 부모 때문에 하고 싶은 전공을 못하고 엉뚱한 전공을 하면서 힘든 삶을 사는사람들이 많다. 도대체 부모가 무슨 권한으로 자녀의 인생에 그렇게 관여하는가? 부모에게 그런 권리가 있는지묻고 싶다. 전공으로도 모자라 결혼문제까지 깊이 관여

한다. 자신이 결혼하는가? 왜 무슨 자격으로 배우자 선택까지 부모가 관여를 하는가? 만약 그 일로 자식이 불행해지면 어떻게 책임을 지겠는가? 이 모두가 부모 처신의 문제다.

그렇다면 처신을 위해서는 무엇을 해야 하는가? 내가 생각하는 처신은 좌표확인이다. 시간적으로, 공간적으로 자신의 현재 위치를 확인하고 가고자 하는 위치를 파악하는 것이다. 일단 시간이 중요하다. 나이 60이 넘으면 자식 일에 함부로 끼어들면 안 된다. 자식 일은 자식이 알아서 해야 한다. 그 시간에 내 앞가림을 하고 어떻게 남은 생을 살지 고민하는 게 낫다. 돈 문제도 그렇다. 젊어서는 열심히 돈을 벌어야 한다. 그리고 70정도 되면 돈을 모으기 보다는 있는 돈을 잘 쓰고 마무리를 해야 한다. 90에 가까운 노인이 아직도 유산정리를 안 하는 사람을 보면서 든 생각이다. 90이 넘은 노인이 건강검진을 받는 걸 봐도 처신이란 단어가 연상된다. 처신의 핵심은 때를 아는 것이다. 시간대에 대한 인식이다. 지금이 어느 때인지를 생각해야 한다. 처신은 어울리는 자리에 위치하는 것이다.

계급도 일종의 처지이다. 자리(位)가 갖는 의미는 크다. 자기 자리가 아닌 곳에 처할 경우 불행해진다. 자기만 불행한 게 아니라 다른 사람들도 불행하게 만든다. 어떤 자리가 어울리는 자리인가? 자기보다 조금 모자라는 자리에 앉아야 한다. 집터보다 집이 크면 터의 기에 건물이 눌린다. 집이 사람보다 크면 사람이 집에 눌린다. 능력의 70퍼센트쯤 되는 자리가 적당하다. 30퍼센트 정도의 여백이 있는 게 좋다.

삼지의 교훈이 있다. 지명(知命), 지례(知禮), 지언(知言)이 그것이다. 지명은 자기 운명을 아는 것이다. 즉, 본인의 소임과 정체성을 확고히 하고 처신하란 말이다. 지례는 예의를 지키고 그에 맞는 행동을 하라는 말이고 지언은 말을 적절하게 하고 들을 줄 아는 소통능력을 말한다.

3장
있는 그대로 인정하라

4장
내가 생각하는 처신

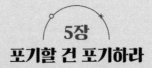

5장
포기할 건 포기하라

6장
철학적 뼈대를 분명히 하라

7장
주제 파악

8장
물 흐르듯 살아라

9장
일을 하라

10장
성장

11장
넘치지 말아라

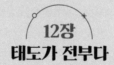

12장
태도가 전부다

13장
휴식

14장
대인관계

1장

주변을 돌아보라

남을 도와주는 기쁨

우리는 자신을 너무 사랑한다. 자기 문제에만 집중한
다. 당연히 다른 사람은 눈에 들어오지 않는다. 기쁨을 위
해서는 내 문제를 벗어나 다른 사람 문제를 볼 수 있어야
한다. 그럼 내 문제도 해결되고 그 과정에서 기쁨도 느낄
수 있다.

앤서니 힌튼이란 사람이 있다. 그는 억울한 누명을 쓰
고 감옥에서 무려 30년을 살았다. 처음 4년간은 분노한 나
머지 아무 말도 하지 않고 아무하고도 사귀지 않았다. 인
사도 하지 않고 심지어 교도관과도 글로만 소통했다. 그

러던 어느 날 옆방 남자가 흐느껴 우는 소리를 들은 그는 자신도 모르게 왜 그런지 묻는다. 그 남자는 어머니가 돌아가셨다고 답하는데 이에 앤서니는 "이제 신 앞에서 당신을 변호해줄 사람이 한 명이 생긴 셈이네요."라고 조언하며 농담을 건네자 그가 울음을 멈추고 웃기 시작한다. 이후 그는 자기 문제가 아닌 다른 사람 문제에 집중한다. 그러면서 감방에 기쁨이 넘친다. 사형선고를 받은 54명의 수감자와 교도관에게 좋은 선생이 된다. 자기 문제에서 벗어나 다른 사람 문제를 생각하면서 일어난 변화다.

이처럼 기쁨이란, 무슨 일이 있기 때문에 생기는 감정이 아니다. 원래 존재하는 것이다. 그런데 여러 이유로 발견하지 못하고 있을 뿐이다.

다른 사람의 성공을 도울 것

1984년, 루 휘태커는 최초로 미국인만으로 구성된 에베레스트 정상 등반 팀을 지휘했다. 온갖 노력 끝에 다섯 명은 2만 7천 피트 최종 야영지에 도달했다. 2천 피트를 앞두고 그는 어려운 결정을 해야 했다. 다섯 명 모두 정상에 서고 싶어 했지만 이 중 두 사람은 산 아래 야영지로 가서 음식과 물과 산소를 지고 와야 했다. 그러기 위해서는 무엇보다 체력이 강해야 했다. 그는 체력이 강한 두 사람을 택해 야영지에서 지원품을 가져오게 했고, 체력이 조금 약한 두 사람은 휴식을 취한 후 정상에 오르게 했다. 물론 자신은 그곳에 머물렀다. 사람들이 그에게 왜 정상에 오를 생각을 하지 않았느냐고 묻자 그는 이렇게 답했다. "내가 할 일은 다른 사람을 정상에 세우는 겁니다." 휘태커는 팀이 목표를 성취하도록 돕는 것이 자기 역할이라고 생각했다.

다른 사람을 돕지 않고는 성공할 수 없다. 다른 사람을 밟고 올라가는 것이 인생이라고 생각하는 사람이 제법 있다. 인생은 정글이라 먹고 먹히는 곳이란 생각도 한다. 내가 생각하는 진정한 성공은 다른 사람의 성공을 돕는 것이다. 다른 사람이 성공하는 걸 보면서 정말 좋아하는 것이다.

내가 좋아하는 구본형 소장은 일찍 세상을 떠났지만 많은 제자를 성공하게 만들었다. 나도 이렇게 살고 싶다. 다른 사람의 성공을 돕고 싶고 그게 진정한 성공이란 생각이다.

얌체 신앙을 버려라

'하느님이 특별히 나와 내 집과 내 집단만 잘되게 해 주서서 고맙다'는 것은 일종의 얌체 신앙이다. 타이타닉호가 침몰할 때 용케도 먼저 구명선을 타고 멀리서 배가 물에 잠기는 것을 보며 "아, 하느님, 제가 무엇이라고 저를 이렇게 눈동자처럼 사랑해 특별히 살려 주시나이까…." 하는 태도, 이런 것이 참된 감사일까? 이럴 경우 나와 내 가족의 무사함을 감사하기에 앞서 다른 이들이 물속에 잠기는 것을 안타까워해야 한다. 신앙이 있는 사람이, 혹은 그런 신앙을 가졌기 때문에, 하늘의 힘을 빌려 자기 살 궁리만 하고, 그 덕에 남보란 듯이 잘 살고, 행복한 내세까지 보장받았다고 오로지 감사할 뿐이라고 한다면 그 신앙생활이란 대체 어떤 것이고 무슨 의미가 있을까?

종교인이라면 얌체 신앙에서 진정으로 남을 생각하는 신앙으로 방향을 바꿔야 한다. 오강남 교수의 『불교 이웃 종교로 읽다』에 나온 글이다. 이 글을 읽으면서 내가 그런 사람이란 반성을 했다. 나는 늘 나만을 위해 살았다. 다른 사람이야 어찌되건 나만 괜찮으면 상관이 없다고 생각했다. 언제가 되어야 내가 아닌 다른 사람이 내 눈에 들어올까? 과연 그런 날이 오기는 할까?

눈물 닦아주는 사람

드라마 작가 노희경을 좋아한다. 그녀는 상처가 많은 사람이다. 하지만 그 상처 덕분에 훌륭한 작가가 되었다. 만약 평범한 삶을 살았다면 결코 좋은 작품을 만들지 못했을 것이다. 그녀의 말이다.

"그 시절은 이제와 내게 좋은 글감들을 제공한다. 나는 한때 내 성장과정에 회의를 품은 적도 있었지만, 지금은 아니다. 내가 만약 가난을 몰랐다면 인생의 고단을 어찌 알았겠는가? 내가 만약 범생이었다면 낙오자들의 울분을 어찌 말할 수 있으며, 실패 뒤에 어찌 살아남을 수 있었겠는가? (중략) 내가 아파야 남의 아픔을 알 수 있고, 패배해야 패배자의 마음을 달랠 수 있기 때문이다. 어른이 된다는 건 상처 받았다는 입장에서 상처 주었다는 입장으로 가는 것, 상처 준 걸 알아챌 때 우리는 비로소 어른이 된다."

어려운 사람을 보면서 왜 저들은 저리 찌질하게 사느

냐고 야단치는 대신 그런 사람들의 눈물을 닦아주는 그런
사람이 되고 싶다.

잡담이 능력이다

　남자들이 주인 대기업 임원들에게 뭔가를 질문하고 그
들끼리 대화할 시간을 주면 그들은 당황한다. 공장 이야
기가 아닌 행복이나 가족에 대해 이야기를 하라고 하면
어쩔 줄 모른다. 한 번도 생각해 본 적이 없단다. 맨 정신
에 그런 이야기를 어떻게 하느냐는 반응이 나온다. 똑같
은 질문을 여성들에게 하면 반응은 폭발적이다. 여기저기
이야기꽃을 피우며 시간 가는 줄 모른다. 행복한 사람은
여유가 있다. 주변을 볼 줄도 알고 다양한 주제에 관심이
있고, 이해관계가 없는 사람들과도 이야기를 잘 나눈다.
불행한 사람은 반대다. 진지하고 공장 일에만 관심이 있
고 아무하고나 말을 섞지 않는다.
　잡담이 능력이다. 잡담을 할 수 있다는 것은 그만큼 여
유가 있음을 뜻한다. 우리 주변에는 너무 엄숙하고 진지

한 사람들이 많다. 삶에 여유가 없는 사람들이다.

시시껄렁한 농담을 던지고 잡담을 즐기는 사람이 늘어났으면 하는 바람이다.

집착한다고 얻어지는가?

영화배우 매릴 스트립은 젊을 때는 젊은 대로, 나이가 들어서는 나이가 든 대로 거기에 맞는 역할을 잘 소화하며 다양한 모습을 보여준다. 무엇보다 얼굴에 손대지 않는 자연스런 모습이 좋다. 한국 연예인 중 얼굴에 손을 대서 망가진 사람들이 여럿 있다. 외모가 중요한 그들이 외모에 집착해 성형하는 것은 이해가 된다. 늙어가는 자기 모습을 인정하기 싫고, 조금이라도 예뻐지고 싶어 그랬을 것이다. 그렇지만 결과는 전혀 아니다. 그들은 표정으로 먹고 사는 직업이다. 다양한 표정을 통해 감정을 표현해야 한다. 그런데 주름을 없애기 위해 재산목록 1호인 표정 근육을 마비시킨 것이다. 참으로 어색하다. 어쩌다 저런 선택을 했을까? 본인은 결과에 만족하고 있을까? 정말 궁금하다.

뭐든 집착하는 것은 좋지 않다. 집착한다고 얻어지는 것도 아니다. 돈을 쫓는다고 돈이 생기는가? 사람만 추해질 뿐이다. 사랑에 집착한다고 그 사랑이 내게 오는가? 오던 사랑도 도망간다. 자기 얼굴에 집착할수록 얼굴은 망가진다. 건강에 가장 해로운 것은 건강에 지나치게 신경 쓰는 것이다. 나는 주름을 없애는 대신 아름다운 주름을 갖고 싶다.

문제 해결 방법

문제를 해결할 때는 두 가지 방법이 있다. 하나는 문제와 정면 대결하는 것이고 다른 하나는 직접 문제를 해결하는 대신 다른 문제를 통해 자기 문제를 해결하는 것이다. 내 문제를 잠시 놔두고 다른 사람 문제를 해결하기 위해 애를 쓰는 것이다. 자기 문제에 빠져 있으면 자기 문제를 객관적으로 보기 어렵다. 잠시 그 문제를 잊고 다른 사람의 문제 해결을 위해 노력해 보라. 남을 돕다 보면 의외로 자기 문제를 해결할 수 있다. 남의 심각한 문제를 보면 자기 문제가 하찮게 보일 수도 있다. 마음 치유도 그렇다. 마음을 치유하려면 먼저 몸을 치유해야 한다. 우울증 환자들은 움직이려 하지 않는다. 만약 환자를 밖으로 데리고 나와 걷게 한다면 치료가 가능하다. 운동을 하면 밥맛이 생기고, 밥맛이 생기면 삶의 의욕도 생기기 때문이다.

정직이 최선의 정책

등산화를 사러 아웃도어 매장을 갔다. 옷도 사고, 스틱도 사고, 아내 등산화를 사려고 했더니 점장이 이렇게 말한다. "솔직히 이 브랜드는 다른 건 잘 만드는데 등산화는 별로입니다. 가격 대비 효용성이 떨어집니다. 다른 건 괜찮은데 등산화는 등산화 전문 매장에서 사는 게 유리합니다." 감동이다. 당연히 그 집에서 이것저것 더 사게 되었다. 그는 사지 말라고 했지만 나는 더 샀다. 그럴 수밖에 없었다.

처음 가는 술집에 가서 안주를 시키게 되었다. 인기메뉴를 추천해달라고 하자 싼 것 몇 가지만을 추천한다. 비싸고 맛나 보이는 안주는 어떠냐는 질문에 종업원은 가격은 비싸지만 맛은 별로란다. 내가 어떻게 행동을 했을까? 제법 많은 매상을 올려주었다. 정직함이 최선의 정책이다.

내 일만 잘한다고?

내 일만 보는 사람에겐 내일이 불안하다. 자기 일만 잘한다는 게 가능할까? 최고 제품을 만들려면 사내 다른 부서와 협력을 할 수 있어야 한다. 필요하면 설득해야 한다. 자기 아이디어를 전하고 다른 부서 의견을 들을 수 있어야 한다. 여기서 자유로운 사람은 없다. 나의 일이란, 남의 일, 남의 이익과 거미줄처럼 촘촘하게 얽혀 있다. 내 일을 잘 하기 위해서는 나 자신과 설득 대상, 주고 받을 것 세 가지를 생각해야 한다. 나 자신을 돌아봄으로써 가장 중요한 게 무엇인지 파악해야 한다. 설득대상이 누구인지 그가 처한 입장이 어떤지도 볼 수 있어야 한다. 차이점을 파악한 후 협상을 통해 줄 건 주고 받을 건 받아야 한다.

솔직하다는 것

사람들은 솔직하게 이야기하는 걸 꺼린다. 자신을 '너무 쉬운 사람으로 생각하면 어쩌지?'라고 걱정하기 때문이다. 좋으면서 아니라고 하기도 하고, 반대로 좋지 않지만 그 사람 듣기 좋으라고 좋다고 말하기도 한다. 그렇기 때문에 사람 말을 곧이곧대로 듣는 일은 조심해야 한다. 나같이 강의가 주업인 사람은 더 그렇다. 수없이 많은 강의를 했지만 강의 후 한 번도 강의가 별로라는 말을 들은 적이 없다. 과연 그게 사실일까? 아마 그렇지 않을 것이다.

다음 유머가 이를 잘 말해준다.

'여자의 No는 maybe이다. 여자의 maybe는 yes다. yes라고 말하는 여자는 더 이상 여자가 아니다. 외교관도 그렇다. 외교관의 yes는 maybe다. 외교관의 maybe는 no다. no라고 말하는 외교관은 더 이상 외교관이 아니다.'

높이 올라갈수록, 나이가 들수록 이를 조심해야 한다. 당신이 이야기할 때마다 웃는 부하 직원이 정말 재미있어서 웃는다고 생각하는가? 그렇다면 당신은 너무 순진한 것이다.

남의 눈치를 보지 말라고?

'남의 시선을 의식하지 말고 당당하게 자신이 하고 싶은 일을 하라. 남의 욕구가 아닌 내 욕구를 잘 읽고 그렇게 행동하라' 자기계발 책에 가장 많이 등장하는 말이다. 쓸데없이 눈치를 보지 말라는 것인데 옳은 것 같지만 '과연 그럴까?'란 의구심이 생긴다.

부모님 말씀 무시하고, 회사에서 동료들이야 어떻게 생각하든 내가 하고 싶은 대로 하고, 결혼해서도 배우자 의견 혹은 자식의 필요는 나 몰라라 하면서 내가 하고 싶은 대로 다 하면서 살 수 있을까? 결과가 어떨까? 기준점이 있어야 하지 않을까?

내가 생각하는 기준점은 능력 범위 안에서 하는 것이다. 남에게 피해는 주지 않아야 한다. 함께 사는 세상에서 눈치를 보지 않고 산다는 건 생각처럼 쉽지 않다. 발상자체가 잘못일 수 있다. 아니 어떻게 눈치를 안 보고 살 수 있을까? 남편은 아내 눈치를 봐야 하고 부모도 나이가 들면 자녀의 눈치를 봐야 하는 것 아닐까? 사람들과 함께 살면서 눈치를 보지 않는다는 건 그를 무시하는 건 아닐까? '하고 싶은 대로 하라, 눈치를 보지 마라'는 말은 무책임한 말일 수 있다.

배 아파할 일을 하지 마라

'사촌이 땅을 사면 배가 아프다'란 속담에 대해 어떻게
생각하는가? 괜히 상대의 성공을 시기 질투하지 말고 상
대의 발전을 축하하란 뜻이지만 말처럼 쉽지 않은 것이
보통 사람들이다. 사실 남이 어려운 일을 당했을 때 같이
울어주기는 쉬워도 남에게 좋은 일이 있었을 때 마냥 진
심으로 기뻐해 주는 것은 힘든 일이다. 동시에 기억할 것
이 있다. 사촌들이 배 아파할 것을 뻔히 알면서 논을 샀다
는 사실, 또 산 사실을 나팔 부는 사촌들도 문제란 것이다.
남부럽지 않게, 혹은 남 보란 듯이 사는 것을 인생의 유일
한 목표로 삼는 것은 천박한 일이다.

『도덕경』에 보면 '훌륭하다는 사람을 떠받들지 마십시
오. 귀중하다는 것을 귀히 여기지 마십시오. 탐날 만한 것
을 보이지 마십시오'라고 했다. 세상에서 가장 멍청한 사
람은 돈 자랑하는 사람이다. 밥 한번 사지 않으면서 돈 자

랑하는 사람으로 인해 수많은 사람들이 시험에 든다. 얼마 전 부자친구를 만나 열 받고 온 아내를 보며 든 생각이다.

내 생각을 너무 믿지 마라

자기 기대에 못 미치는 행동을 할 때 사람들은 '참, 내 마음 같지 않네'라며 섭섭한 심정을 드러낸다. 당연한 일을 새롭게 받아들이는 모습이 더 놀랍다. 타인이 내 마음처럼 움직이면 그게 이상한 일 아닌가?

주식투자를 할 때도 비슷한 일이 일어난다. 딴에는 오를 걸로 생각해 산 주식은 오르지 않고, 오르지 않을 걸로 생각한 주식은 오르기 때문이다. 그래서 경제학자 케인즈는 '주식투자란 미인선발대회와 같다'고 했다. 내가 미인이라고 생각하는 사람이 미인으로 선출되는 게 아니라 많은 사람들이 미인이라고 생각하는 사람이 미인으로 선출된다는 것이다.

세상만사가 다 그렇다. 내 생각을 너무 믿으면 안 된다. 나의 확신이란 건 그렇게 확신할 만한 것이 아니란 말이다. 착각일 가능성이 높다. 내가 쓴 책, 내가 하는 강의도 그렇다. 난 베스트셀러에 들어간 책을 보면서 자주 '내 책이 더 나은데 왜 내 책은 안 팔리고 이런 책이 많이 팔릴까?' 늘 의아해한다. 하지만 이것이야말로 착각 중 착각이다. 내 생각은 별로 중요하지 않다. 정말 중요한 건 다른 사람들 생각이다. 이런 생각을 하면서 난 자주 나를 위로한다.

2장

몰입과 집중

생각하지 않기

인간은 생각하는 동물이다. 하루에도 5만 가지 생각이 왔다 갔다 한다. 하지만 생각이 반드시 좋은 것은 아니다. 그 생각 중 많은 부분은 쓸데없는 생각이다. 사는 데 해가 되는 생각도 많다. 생각이 많으면 몸이 나빠진다. 갖가지 생각이 소용돌이치면 다른 정보가 들어올 수 없다. 무언가 마음에 걸린 상태에서 영화를 보면 영화가 눈에 안 들어온다. 이게 생각병이다.

"하는 일에 대해 생각하는 힘을 길러서는 안 된다. 오히려 정반대여야 한다. 문명은 무엇을 하는지 생각하지 않고 행동할 때 그리고 그런 횟수가 많아질 때 진보해왔다."
철학자 화이트헤드의 말이다.

매 순간 무언가를 의식하고 행동한다면 우리는 살 수
없다. 너무 많은 에너지를 사용하기 때문이다. 생각하지
않고 살아도 별 무리가 없는 상태로 만드는 것이 우리의
과제이다.

몸을 힘들게 하라

우리는 쓸데없는 생각과 걱정을 너무 많이 한다. 시험
걱정, 취직 걱정, 자식 걱정, 나라 걱정… 걱정이 밑도 끝
도 없다. 회사에서는 휴가 가서 어떻게 놀까 생각하고, 휴
가지에서는 회사에 별 일 없을까 생각한다. 이는 휴가를
간 것도 아니고 일을 하는 것도 아니다. 생각을 많이 하면
뭔가 한 것 같지만 사실 아무 것도 안 한 것이다.

아이들은 다르다. 아이들은 그때그때 최선을 다한다.
북한의 위협도, 주가폭락도 중요하지 않다. 그들에겐 지
금 이 순간이 제일 중요하다. 쓸데없는 생각이 없기 때문

에 어린 시절에는 시간이 천천히 간다.

잡생각을 버리는 방법 중 하나는 몸을 힘들게 하는 것이다. 헉헉거리며 높은 산을 오르다 보면 생각은 사라진다. 내 호흡과 힘든 몸만을 생각한다. 절벽에 매달려 절벽을 오르는 사람에게 미래는 관심사가 아니다. 오로지 밧줄을 잡고 오르는 것만 생각한다. 잡생각이 많다는 건 그만큼 몸이 편하다는 증거이다.

지금 이곳에 존재하기

카페나 음식점에 가면 두 사람이 앉아 각자 스마트폰 하는 모습을 흔하게 본다. 몸은 이곳에 있지만 생각은 다른 곳에 있다는 증거이다. 그럴 거면 시간 아깝게 뭐 때문에 같이 있는가? 이는 같이 있는 것도 아니고 따로 있는 것도 아니다. 뭔가를 하는 것 같지만 아무 것도 하지 않는 것이다.

잘 산다는 것은 무엇일까? 잘 사는 것은 지금 이 순간에 집중하는 것이다. 지금 이 순간에 존재하는 것이다. 그런데 많은 사람들은 지금 이곳에 집중하지도 않고 존재하지도 않는다. 과거를 떠돌기도 하고 미래에 있을 일을 생각하느라 현재에 집중하지 못한다.

나는 현재 이곳에 존재할까? 이 순간에 살아 있을까? 그렇지 않은 경우가 많다. 몸은 이곳에 있지만 집중하지 못하고 딴 생각을 하는 경우가 많다. 직장에 있지만 마음은 집에 있는 경우도 있고, 반대의 경우도 있다. 앞에 사람을 앉혀 놓고 다른 사람과 메신저를 주고받는 경우도 있고 책을 보고 있지만 엉뚱한 생각을 하기도 한다. 엄밀한 의미에서 이건 존재하는 게 아니다.

내가 생각하는 존재는 몸과 영혼이 함께 하는 것이다. 지금 이 순간을 충만하게 보내는 것이다. 현재 이곳에 존재하는 것이다. 잘 산다는 건 지금 이 순간을 최대한 느끼는 것이다. 지금 이 순간을 온전히 즐기는 것이다. 딴 곳에 정신을 파는 대신 지금 이곳에 충분히 존재하는 것이다. 삶은 소유가 아니라 순간순간의 '있음'의 결과물이다. 우리는 언젠가 죽는다. 모두가 한때일 뿐이다. 최선을 다해 산다는 건 최대한 존재하는 것을 의미한다. 이곳에 존재하라.

먼저 포기할 것을 정하라

지인 중 번잡한 사람들이 제법 있다. 남들이 좋다고 하는 것은 다 한다. 일단 모임이 많고 만나는 사람들도 다양하다. 주중에는 모든 점심과 저녁 모임이 풀 부킹이다. 바쁠 때는 두 세 탕도 뛴다. 같은 장소를 선정한 다음 여기 찔끔 저기 찔끔 왔다 갔다 한다. 그러니 대화의 맥도 끊기고 그 사람은 물론 그와 같이 있는 사람까지 정신이 없다. 다니는 곳도 많다. 출장도 많고 해외여행도 자주 다닌다. 종교 순례에 문화 순례까지 온갖 여행을 다 다닌다. 아침에는 운동을 하고 틈틈이 독서모임, 최고경영자 과정까지 한다. 문제는 제대로 하는 것이 없다는 사실이다. 모든 것을 하지만 사실은 아무 것도 하지 않는 것과 비슷하다.

인간은 늘 시간의 지배를 받는다. 그렇기 때문에 선택에 앞서 포기를 먼저 해야 한다. 새로운 것을 하기 전에 '하지 말아야 할 것'을 먼저 정해 이를 포기해야 한다. 남들이 좋다고 하는 것을 다 하기에 인생은 너무 짧다.

내가 포기한 것

글 쓰는 직업을 택한 후 난 저녁 생활을 포기했다. 저녁에 지인들과 술을 마시면 후유증이 심하기 때문이다. 늦게까지 술을 마시면 아침에 일찍 일어날 수도 없고, 다음 날은 물론 그 다음날까지도 일을 제대로 할 수 없었다. 그렇게 저녁 생활을 포기하고 지낸지 제법 됐다. 처음엔 힘들었지만 지금은 괜찮다. 술을 마시는 즐거움도 있지만 술을 마시지 않을 때의 즐거움도 있을 수 있다. 선택의 또 다른 말은 포기이다.

선택을 한다는 것은 뭔가를 더하는 게 아니다. 새로운 뭔가를 하기 위해 다른 하나를 포기하는 것이다. 남들이 좋다는 모든 것을 하면서 살 수는 없다. 그 중 자신에게 맞는 것을 선택해야 한다. 그 전제조건은 우선 덜 좋은 것, 하지 않아도 되는 것은 포기하는 것이다. 사실 이게 가장 어렵다.

기계치가 좋은 이유

"난 기계에 대한 본능적인 공포가 있다. 그건 기계에 대한 정신적·시간적 투자를 하지 않기 때문이다. 두려움이 있으면 그걸 그냥 두려워할 게 아니라 직시하고 대처함으로써 두려움을 극복할 수 있다. 기계에 대한 공포는 피하고 도망치는 일종의 게으름이다. 불안은 일종의 도피 현상이고 일종의 게으름이다. 스트레스도 정신적 게으름에서 비롯된다. 일을 하고 있는 자신과 도망가려는 자신과의 괴리현상. 이 거리가 멀수록 스트레스는 심하다. 기계에 대한 불안도 기계에서 도망치려는 마음과 기계를 다루어야 한다는 현실적 의무감과의 대립에서 오는 이중심리 때문이다."

바둑 외엔 아무 것도 하지 못하는 바둑의 고수 조훈현이 한 말이다. 그는 운전도 못해서 어딜 갈 때는 꼭 아내의 신세를 진다. 그 자신이 기계치이기 때문에 이런 생각을 한 것 같다. 나 역시 기계치여서 그런지 조훈현의 말에 크게 공감했다. 내가 기계를 다루는데 서툰 것은 기계에 대해 생각하지 않고 시간을 투자하지 않기 때문인 것이다. 하지만 기계치로 사는 것이 나쁜 것만은 아니다. 가족들은 내게 기계 관련한 것은 아예 기대하지 않는다. 아니 오히려 여러 가지를 도와준다. 덕분에 시간적 여유가 생긴다.

센몬빠가

뭔가 큰 성과를 이룬 사람들은 약삭빠른 사람이 아니다. 우직하게 한 우물을 판 사람이다. 이를 전문 바보라고 부른다. 일본말로는 '센몬빠가'이다. 한 분야에서 바보스럽게 몰입하는 사람을 가리킨다.

2002년 노벨상을 받은 다나카 고이치가 대표적이다. 그는 학사 출신이다. 대학도 동경대가 아닌 도후쿠대학을 나왔다. 당시 시마즈 제작소 분석계측사업부 연구소 주임이었다. 83년 대학 졸업 후 줄곧 평범한 연구원으로 근무했던 그는 대학 시절 낙제를 해 동기보다 1년 늦게 졸업을 했다. 해외유학 경험도 없다. 소니 입사시험에도 떨어졌다. 특이한 점은 센몬빠가였다는 것이다. 외모에는 전혀 신경 쓰지 않고 양복은 두벌만을 번갈아 입고 다녔다. 그는 오로지 연구에만 전념하고 싶어 회사 승진 시험을 거부한 채 주임직

책만을 고집했다. 그렇게 20년 동안 오로지 연구에만 몰두
했다. 이 같은 몰입과 집중 덕분에 단백질 등 생체 고분자
를 간단하게 분석할 수 있는 새로운 방법을 발견한다. 신약
개발의 새로운 지평을 열고 암 조기 진단의 가능성을 열었
다. 바보들은 이렇게 집중력이 뛰어나다.

팔방미인의 정의?

팔방미인은 뭐든 잘하는 사람이 아니다. 확실하게 잘하
는 건 별로 없다는 의미이기도 하다. 뭐든 잘한다는 건 특
별히 잘하는 것은 없다는 것과 같다.

이창호는 바둑 외에 할 줄 아는 게 없다. 바둑에는 천재
지만 나머지에는 재능이 없다. 신발끈도 맬 줄 모른다. 그
는 4주간 신병 훈련기간 주변 사람들을 아연실색하게 만
들었다. "연병장 선착순 집합!" 명령이 떨어지고 "뒤로 번
호!"가 붙기만 하면 꼭 한 명이 비었다. 이창호 때문이다.
"또 이창호냐…." 조교의 탄식은 그칠 날이 없었다. 군화
끈을 못 매 내무반에서 밍기적거리고 있었기 때문이다.

"사회에서 신발끈 한 번 안 매봤나!" "한 번도요. 운동화만 신어봐서…." 무서운 호통에 반사적으로 나온 그의 어눌한 대답은 조교를 뒷목 잡게 만들었다. 하지만 어쩌겠는가? 끈 달린 운동화를 감당 못해 평생 '찍찍이' 운동화만 신어본 것을…. 결국 조교는 이창호를 위해 끈 대신 똑딱단추 달린 군화를 만들어주었고 덕분에 순탄하게 훈련기간을 마칠 수 있었다.

이를 보면 모든 분야를 잘 할 수는 없는 것 같다. 정말 잘 하는 한 분야를 위해 다른 분야의 희생이 필요한 것인 것 같다.

지적 생활과 경제적 자립

지적 생활을 위해서는 경제적 자립이 무척 중요하다. 소설가 앤서니 트롤럽은 우편국 감독관이었다. 수필가 찰스 램은 동인도회사 직원이었다. 자신의 본업에 충실하면서 지적 생산을 이루어 낸 위대한 사람들이 많다. 철학자 흄은 50년을 살면서 권력자에게 아첨해 본 적이 없다. 친구들에게 도움을 요청한 적도 없다. 그러면서도 당시 사회를 뿌리 채 흔드는 학설을 당당히 주장했다. 그래서 영국사를 완성했다. 그가 그렇게 할 수 있었던 것은 23세에 '경제적 독립'이란 목표를 세운 후 흔들리지 않고 실천해 나갔기 때문이다. 흄은 사회적 명성과 출세를 바라지 않았다. "빈 자루는 서지 못한다." 미국의 정치인 벤저민 플랭클린이 한 말이다. 경제적으로 독립하지 못하면 비굴해진다는 뜻이다. 경제적 독립을 이룰 수 없다면 정신적 자유와 지성의 독립이 필요한 지적 생활을 유지할 수 없다. 생물학자 찰스 다윈도 그렇다. 그는 먹고 살기 위해 일할 필요도 없었고, 교회가 기피하는 내용의 책을 쓰더라도 생계에 대한 위협을 받지 않았다.

단순해야 하는 이유

워렌 버핏의 강점은 단순함이다. 그는 연례보고서만 읽고 중국의 페트로차이나 주식 1.3퍼센트를 4억 8,800만 달러에 매입했다. 너무 성급한 결정이 아니냐는 질문에 이렇게 답했다. "분석을 위해 반드시 깊게 파고들 필요는 없다. 주식을 살 때 지나치게 철저히 분석하는 것은 시간을 헛되이 쓰는 행위다. 소수점 아래 세 자리 수까지 계산하는 게 바람직할까? 당신을 만나러 온 사람의 체중이 150킬로그램 정도 되면 그냥 척 봐도 살쪘다는 것을 알 수 있듯 투자도 마찬가지다." 할 필요가 없는 일은 아무리 잘 해봐야 무의미하다. 좋은 아이디어는 일 년에 한 번만 해도 족하다.

나는 투자할 때마다 평생 20개의 구멍만 뚫을 수 있는 펀치카드를 갖고 있다고 생각한다. 재무적인 결정을 내릴 때마다 하나의 구멍을 뚫는 것이다. 이렇게 생각하면 사소한 결정에 함부로 손댈 수 없게 된다. 카드를 다 쓰면 더 이상 투자를 못 할 테니까. 결국 결정의 질이 높아질 것이고 좀 더 중요한 투자를 할 수 있게 된다.

두문정수 (杜門靜守)

문을 닫고 고요히 마음을 지킨다는 뜻이다. 요즘 같은

시대에 딱 맞는 말이다. 바깥으로 쏠리는 마음을 거두어 잘 지키는 것이 중요하다. 누가 돈을 많이 버는 수가 있다고 꼬드기면, 못 들을 말을 들은 듯이 몸을 움츠린다. 생각치 못한 일이 생기면 낙담하지 않고 곧 지나가겠지 한다. 나이 들어 몸이 아픈 것이야 당연한데 덩달아 정신마저 피폐해지면 민망하다. 거처는 적막하고 소슬해도 마음속에 환한 빛이 있고, 웬만한 일에는 동요하지 않는 기상이 있다. 근심이 쳐들어와도 나를 흔들지 못하고, 늘 꿈 없이 잠을 잔다. 몸은 기운이 남아도는데 마음에 불빛이 꺼진 인생이 더 문제다. 세상일마다 다 간섭해야 하고, 제 뜻대로 해야 직성이 풀리니 마음에 분노가 식지 않고, 밤마다 꿈자리가 사납다.

만사여의를 바라지 마라

광성부원군 김만기의 집안은 부귀가 대단하고 자손이 많았다. 그런데 입춘첩에 '만사여의(萬事如意)'란 글이 나붙었다. 김진규가 이를 보고 말했다. "이 입춘첩을 쓴 것이 누구냐? 사람이 세상에 나서 한두 가지도 마음먹은 대로 하기가 어려운데, 모든 일을 마음먹은 대로 이루게 해 달라니, 조물주가 꺼릴 일이 아니겠는가? 우리 집안이 장차 쇠망하겠구나!" 얼마 후 수난을 당하고 유배를 가서 그 말대로 되었다.

좋은 꽃은 반쯤 피었을 때 보아야 좋다. 활짝 피어 흐드러진 뒤에는 추하게 질 일만 남았다. 뭐든 조금 부족한 듯할 때 그치는 것이 맞다. 목표했던 것에 약간 미치지 못한 상태가 좋다. 음식도 배가 조금 덜 찬 상태에서 수저를 놓는다. 그런데 그게 참 어렵다. 한껏 하고 양껏 하면 당장은 후련하겠지만, 꼭 탈이 난다. 끝까지 가면 안 가느니만 못하게 된다.

내 행복을 알리지 마라

네 가지 상황이 있다. 나도 행복하고 다른 사람도 나를 행복하다고 생각한다. 난 행복한데 다른 사람은 나를 불행하다고 생각한다. 사실 난 행복하지 않은데 다른 사람은 날 행복한 사람으로 본다. 나도 행복하지 않고 다른 사람도 그렇게 생각한다. 여러분은 이 중 어디에 해당하는가?

최선은 다른 사람이 어떻게 생각하건 내가 행복한 것이다. 최악은 난 불행한데 다른 사람은 날 행복한 사람으로 간주하는 것이다. SNS를 보면 너무 행복한 사람이 많다. 해외여행을 가서 맛난 걸 먹는 장면을 수시로 올린다. 혼자 행복하면 됐지 왜 그렇게 자신의 일거수일투족을 사람들에게 알리는 것일까? 속이 허하기 때문에 허한 속을 채우고 싶은 건 아닐까? "나 이렇게 행복한데 나 좀 부러워 해주면 안 되겠니?"라고 읍소하는 것 같다.

가장 큰 행복은 남이 알든 모르든, 가슴 깊은 곳에서 솟아오르는 충만감이다. 다른 사람과는 전혀 관계가 없다. 그럴 때 내 행복을 남에게 알릴 이유가 없다. 증명할 필요가 없다. 남으로 인해 생겨난 행복은 남으로 인해 부서질 가능성이 크다. 스스로 혼자 행복할 수 있어야 한다. 행복은 충만함이다. 새벽에 일어나 글을 쓸 때, 운동을 하고 샤워를 한 후 걸으면서 난 자주 이런 경험을 한다.

3장

있는 그대로 인정하라

여실지견(如實知見)

말 센스라는 대화법에 관한 책을 재미있게 읽었다. 주
인공이 되려고 하지 마라, 선생님처럼 가르치려고 하지
마라, 덤불숲에 들어가 헤매지 마라, 잘못했다면 바로 사
과를 하라 등등 대화에 관해 우리가 흔히 저지르는 실수
들을 잘 묘사했다. 이 책을 읽고 많은 사람들이 자기 잘못
을 뉘우쳤다. 나 또한 마찬가지다. 늘 주인공이 되려 했
고, 늘 누군가를 가르치려 했다. 남의 이야기를 가로채 알
량한 내 경험을 늘어놓기 바빴다.

대화를 할 때 가장 조심해야 할게 무엇일까? 충조평판

이다. 충고, 조언, 평가, 판단을 내려놓아야 한다. 상대는 충고를 원하지 않는데 우리는 기꺼이 충고를 한다. 그럼 둘 사이에 금이 간다. 상대가 원하지 않는 충고는 원수가 되는 지름길이다. 평가와 판단도 그렇다. 상대를 잘 알지도 못하면서 혼자 미루어 짐작하고, 판단하고 평가한다. 다른 사람과 제대로 소통하기 위해서는 평가와 판단을 내려놓아야 한다. 장자는 이를 심재(心齋)라 했다. 마음을 목욕재계 시킨다는 말이다. 상대의 말을 들을 때 자기 생각으로 가득 차 있으면 상대 말이 들리지 않는다. 고정관념과 선입견이 가득하면 상대의 말을 순수하게 받아들일 수 없다.

이럴 때는 여실지견이란 말을 기억하면 좋다. 불교에서 말하는 최고의 경지다. 지레짐작으로 판단하지 말고, 자기 마음을 내려놓고 상대의 이야기를 있는 그대로 들으라는 말이다.

설정의 세계

남자는 이래야 하고, 여자는 저래야 한다. 다른 집 아들은 이걸 해 주고, 다른 집 딸은 저걸 했다더라. 옆집 남편은 돈도 잘 벌고 자상하다더라. 앞집 부인은 예쁘고 애도 잘 키운다더라. 이게 설정의 세계다.

자신의 이상향을 미리 정해놓고 거기에 주변 사람들이 모두 따라주기를 기대한다. 자신도 피곤하고 주변 사람들은 죽음이다. 그러는 본인은 잘 하는지 묻고 싶다. 그렇게 평생 살아서 살림은 폈는지, 주변 사람들이 행복했는지 따지고 싶다. 설정은 드라마에나 있지 삶에는 존재하지 않는다. 뭔가를 설정하고 거기에 상대를 맞추려 하면 관계가 힘들어진다. 상대도 죽고 나도 죽는다. 설정의 세계에서 빠져나와야 한다.

인간은 모두 다르다. 그가 처한 환경도 다르다. 이 사실을 인정하고 받아들여야 한다. 그래야 나도 살고 주변 사람도 산다.

수용의 기쁨

배우자를 변화시키는데 성공한 사람이 있을까? 없다. 배우자를 변화시키는 건 불가능에 가깝다. 자녀도 그렇다. 공부 안 하려는 아이를 공부하게 만드는 건 보통 일이 아니다. 변화시킬 수 없는 걸 변화시키려고 노력하는 건 어리석은 일이다. 반대의 경우도 있다. 변화시킬 수 있지만 변화시키는 노력을 하지 않는 것이다. 몸이 대표적이다. 남산만한 똥배를 갖고 다니는 사람들에게 이유를 물어보면 변명이 가지가지다. 회사 일로 매일 술을 먹기 때문에, 스트레스를 먹는 걸로라도 풀어야하기 때문에…. 과연 그 말이 맞을까? 말도 되지 않는다. 이처럼 변화시킬 수 있는데 변화시키지 않는 걸 게으름이라고 한다.

그렇다면 둘을 구분하는 건 무엇이라고 할까? 그게 지혜다. 지혜는 변화시킬 수 있는 것과 변화시킬 수 없는 것을 구분하는 능력이다. 많은 사람들이 불평과 불만으로 시간을 보낸다. 어쩔 수 없이 지겨운 일을 해야 하고, 어쩔 수 없이 맘에 들지 않는 인간과 산다고 한탄을 한다.

우리에게는 늘 세 가지 옵션이 있다는 사실을 기억해야 한다. 바꾸거나, 받아들이거나, 아니면 떠나는 것이 그것이다. 변화시킬 수 없는 건 받아들이고, 변화시킬 수 있는 건 변화시켜라. 얼마나 심플한가?

좌표를 확인하라

나는 누구일까? 누가 나일까? 근본적인 질문이다. 아는 것 같지만 사실 잘 모른다. 내 안에는 여러 가지 내가 있다.

우선, 내가 생각하는 내가 있다. 대부분 실제의 자신보다 과장되어 있다. 나름 괜찮고 멋지고 사람들에게 잘 베풀고 지혜롭고 따뜻한 사람으로 생각한다. 나도 그렇고 사회적으로 잘 나가는 사람, 남자일수록 그럴 확률이 높다. 다음은 다른 사람이 생각하는 내 모습이다. 냉정하고 객관적이다. 봐주는 게 없다. 그 사람 앞에서는 사탕발림하고 떠받드는 것 같아도 혼자 있을 때는 국물도 없다. 사실 이게 진짜 내 모습일 수 있다. 문제는 알기 어렵다는 것이다. 회장님 앞에서 누가 감히 회장님에 대해 솔직한 이야기를 하겠는가? 대통령 앞에서 누가 대통령의 리더십을

운운하고 임금님 귀는 당나귀 귀라고 말하겠는가? 벌거벗은 임금님 이야기가 왜 나왔겠는가?

확실한 건 한 가지 있다. '내가 생각하는 나'와 '남이 생각하는 나' 사이에 갭이 적을수록 그 사람은 현명하다는 사실이다. 좋은 리더일수록 스스로를 낮게 평가하는 경향이 있다. 바보들은 다르다. 바보들은 둘 사이에 갭이 크다. 스스로를 꽤 괜찮은 사람으로 생각하지만 현실은 그것과 너무 거리가 멀다. 이래저래 실제 내 모습은 알기 어렵다.

자랑의 종말

기러기 두 마리와 청개구리 한 마리가 친구가 됐다. 가을이 되어 기러기는 남쪽으로 가야 했다. 기러기들은 "너도 하늘을 날 수 있으면 얼마나 좋을까?"라고 말했다. 순간 청개구리는 묘안이 생각났다. 기러기 두 마리에게 나뭇가지를 양쪽에서 물게 하고 자신은 그 가운데를 물면 되는 것이다. 그렇게 멋지게 하늘을 날자 땅 위의 청개구리들이 부러워 박수를 치면서 물었다. "도대체 저런 아이

디어를 누가 낸 거야?"청개구리는 "바로 나…"라는 말이
채 끝나기도 전에 땅에 떨어져 죽었다. 자랑의 종말이다.

옛 말에 '초학삼년이면 천하무적이고, 재수삼년에 촌보
난진(寸步難進)'이라 했다. 글 3년 배운 사람에게는 눈에 보
이는 게 없는 것이다. 하지만 배울수록 앞으로 나아가기
어렵다는 것이다. 배운다는 것은 겸손을 가져다준다. 무
섭다는 걸 알게 해 준다. 그래서 무식한 사람이 용감한 것
이다.

"지혜로운 자는 자기 지혜를 자랑하지 말고 강한 자는
자기 힘을 자랑하지 말며 부자는 자기의 부유함을 자랑하
지 마라. 자랑하는 사람은 나를 이해하고 아는 것과 그리
고 내가 자비를 베풀며 옳고 공정한 일을 행하는 여호와
임을 아는 것으로 자랑하라. 나는 이런 것을 기뻐한다."
선지자 예레미아의 말이다.

강요하지 마라

글로벌기업이 우유 대신 두유를 개발하기로 하고 엄청

난 비용을 투자했다. 그런데 개발하고 나니 콩의 비릿한 냄새 때문에 잘 팔리지 않는 것이다. 비릿한 냄새를 없애기 위해 또 다시 몇 년을 투자해 드디어 우유와 비슷한 맛을 내는 두유 개발에 성공했다. 미국 시장에선 선풍적인 인기를 끌었다. 당연히 중국에서도 인기가 있을 것을 예상했는데 이상하게 중국에서는 팔리지 않는게 아닌가. 알아보니 중국인들은 이 맛을 좋아하지 않는다. 맛이 없다는 것이다. 그 결과를 경영진에게 보고했는데 경영진은 어떻게 이게 맛이 없을 수 있냐며 자꾸 딴 소리를 한다.

여러분은 이 사건에 대해 어떻게 생각하는가? 미국인이 좋아하면 중국인도 당연히 좋아해야 하는가? 난 음식과 술을 강요하는 걸 좋아하지 않는다. 음식과 술은 철저하게 주관적이기 때문이다. 한 사람에게 맛있는 것이 다른 사람에게도 맛있을 수는 없다. 내가 좋다고 남들도 좋아할 걸로 생각하면 안 된다. 난 물에 빠진 고기를 좋아하지 않는다. 삼계탕 같은 음식이다. 스테이크도 별로 좋아하지 않는다. 먹긴 조금 먹지만 내 돈을 내고 사 먹지는 않는다.

함부로 판단하지 마라

난 조선일보 윤희영의 〈뉴잉글리시〉를 즐겨본다. 참 좋은 내용이 많다. 2014. 10. 16일자에 실린 '부부 결혼기념일'이란 기사를 요약해 소개한다.

미국에선 식사 후 팁을 놓고 나와야 한다. 보통 식사비의 10퍼센트 정도 낸다. 맘에 들면 더 놓기도 한다. 아이오와 주에 사는 스티븐 슐츠 부부는 결혼 6주년 기념 외식을 하러 한 레스토랑에 간다. 그리고 식사비를 계산하면서 100달러의 팁을 두고 나온다. 음식 값의 150퍼센트가 넘는 팁이다. 웨이터가 잘 해서 그런 건 아니다. 오히려 반대였다. 모든 게 느렸다. 물은 20분 후에 가져왔고 전채 요리는 40분 후에 나왔다. 모든 요리는 한 시간이 지난 후 나왔다. 그 테이블만 그런 게 아니다. 손님들 모두 서비스가 엉망이라고 욕을 했다. 어떤 손님은 불만에 차 나가버렸고, 자리가 나길 기다리는 사람들에게 다른 곳으로 가라며 말하고 가는 이도 있었다. 하지만 슐츠씨 부부는 형편없는 서비스에도 불구하고 참아냈다. 웨이터 잘못이 아닌 일손 부족이란 걸 알았기 때문이다. 혼자 12개 테이블을 맡아야 했다. 미친 듯이 뛰어다니며 서빙을 했지만 혼자 감당하기에는 힘들었다. 그런 와중에도 짜증내지 않고 연신 "기다리게 해서 죄송하다."며 이리저리 뛰어다녔다. 부부는 영수증 귀퉁이에 메모 하나를 남겼다. "우리도 당신 입장이었던 적이 있답니다." 그랬다. 부부는 한 레스토랑에서 알바를 하다 만나 결혼까지 하게 되었다. 그래서 누구보다 그의 입장을 잘 이해할 수 있었다. 부부는 이 사연을 페이스북에 올렸다. 팁을 100달러나 줬다고 칭찬받으려는 것이 아니라 누군가를 판단하기 전, 그의 모든 입장을 생각해보자고 상기시키기 위해서다. 남의 신을 신어보기 전에는 그에 대해 함부로 판단하면 안 된다.

난 이 이야기를 듣고 얼마 전 있었던 은행 대리 교육이 생각났다. 30대 초반 여성이 반이 넘었는데 그 중 한 명이 강의에 집중을 못하고 계속 핸드폰을 하고 있었다. 난 분위기를 환기시킬 겸 그녀를 불러내 발표를 시켰다. 당황한 그녀는 "집에 아기가 많이 아파 병원을 가야 할 것 같아요."란 말을 하면서 눈시울이 붉어졌다. 얼마나 미안했는지 모른다. 그녀의 절박한 사정도 모른 채 강의에 집중하지 않는다고 함부로 판단한 내가 부끄러웠다.

난 코칭을 하면서 늘 충조평판을 생각한다. 함부로 하지 말아야 할 네 가지가 바로 충고, 조언, 평가, 판단이란

것이다. 뭔가 화나는 일이 있을 때 늘 '뭔가 사정이 있겠
지. 그 사정이 뭘까?'를 생각하려고 노력해야 한다.

나는 나일뿐

요즘 시대 가장 희귀한 자원은 관심이다. 사람들의 관
심을 끄는 일이 가장 힘들고 중요하다. 다들 관심을 끌기
위해서라면 어떤 짓이라도 할 판이다. 책을 쓰는 나는 어
때야 할까? 자주 생각하는 화두 중 하나이다. 자신을 알리
는데 시간을 낭비하지 말자는 게 결론이다. 그럴 시간 있
으면 내 능력을 더 키우는 데 쓰고 싶다.

난 40권 넘게 책을 썼다. 별다른 홍보활동은 한 적이 없
다. 그래도 베스트셀러가 된 것이 있고 1쇄만으로 그친 책
도 있다. 최근에 쓴 책도 그렇다. 난 출판사나 고객들이 책
을 보고 요구하는 강연회 외에는 별다른 활동을 하지 않는
다. 지인들에게 책을 보내주고 평소에 하지 않는 SNS에 책
이 나왔다는 사실만 알릴뿐이다. 사람들이 보고 괜찮다고
생각하면 사 보고 입 소문을 낼 것이고 책 내용이 그저 그

렇다면 더 이상 책을 사지 않을 것이다. 속된 말로 될 놈은 될 것이고 안 될 놈은 아무리 용을 써도 되지 않을 것이란 생각이다. 가장 위험한 건 되지도 않는 소리를 한 책이 쓸데없이 알려져 자신의 찌질함이 천하에 알려지는 것이다. 난 그게 가장 두렵다. 난 모두에게 알려지는 것보다는 알 만한 사람, 나를 좋아하는 사람들에게 괜찮은 저자로 알려지고 싶다. 더 이상의 관심은 사양한다. 그 이상은 할 수도 없고 하고 싶지도 않다. 나는 나일뿐이다.

남이 하면 나도 한다?

너나 할 것 없이 다 사교육을 시킨다. 이유를 물어보면 남들이 하기 때문이란다. 대학을 가는 것도 그렇다. 왜 대학을 가는지 생각하는 사람이 거의 없다. 취직도 그렇다. 학교를 졸업하면 꼭 취업을 해야 하는가? 취업을 한다면 어떤 목적으로 취업을 하려고 하는가? 답하는 사람을 본 적이 없다. 그저 남들이 하니까 나도 한다는 것이다.

해외 유학을 보내는 것도 그렇다. 자신의 처지는 생각

하지 않고 남들이 보내니까 내 자식도 보낸다. 오죽하면 맥킨지에서 낸 한국 관련 리포트에 기러기 아빠(goose father)에 대한 이야기가 나올까? 이들 눈에 비친 이런 모습은 이해하기 어렵다. 결혼하면 같이 살아야 하는데 자식 때문에 부부가 생이별을 해야 한다는 걸 해석할 수 없을 것이다.

내 인생은 내 것이고 주인공도 내 자신이다. 당연히 내 자신의 삶을 살아야 한다. 핵심 중 하나는 직업에 대한 만족이다. 북유럽 사람들의 삶의 만족도 늘 상위권이다. 이들 중에는 임원승진이 싫다는 사람이 제법 있다. 출장도 자주 다니고, 시간에 쫓기기 때문에 싫다는 것이다. 그냥 부장으로 남아 일하고 싶단다. 웨이터, 택시기사도 자기 삶에 만족한다. 직업에 대한 만족도와 자부심이 넘친다. 다들 주인공으로 살고 있는 것이다.

세상이 불공평하다

세상은 공평하지 않다. 어떤 이는 금수저를 물고 태어

나고 또 어떤 이는 흙수저를 갖고 태어난다. 어쩔 수 없는 일이다. 뭐든 하나를 가지면 다른 하나는 잃게 마련이다. 둘 다 가질 수는 없는 법이다. 그 사실을 인정해야 한다.

어렵게 공부해 일류 고등학교에 들어간 사람이 있다. 들어가보니 주변엔 잘 사는 친구들이 수두룩했다. 그는 춥게 지내는데 친구들은 따뜻한 아파트에서 살았고, 자신은 먹을 게 없어 점심 때 물로 배를 채웠는데 친구들은 맛난 점심을 먹고, 자신은 걸어 다니는데 친구들은 자가용으로 학교를 다니고 등등… 상대적 박탈감에 시달리던 그는 덕유산에 올라 의문점을 풀 수 있었다. 덕유산에는 곤돌라가 있어 한번은 걸어서 올라가고, 또 한 번은 곤돌라를 타고 올라갔는데 영 느낌이 달랐다. 같은 정상이지만 쉽게 올라간 정상에서는 걸어 올라갔을 때의 그 느낌이 나지 않았다. 순간 그는 이런 생각을 했다. '인생도 그럴 것이다. 걸어서 올라가는 것이 힘은 들어도 정상에 올랐을 때의 느낌은 완전 다를 것이다' 그러면서 마음이 편해졌다. 유명 신경정신과 의사로부터 들은 이야기다.

4장

내가 생각하는 처신

꼭 필요한 존재가 되라

어디에서나 필요한 존재가 되자는 것이 내 철학이다.
내가 생각하는 극한직업은 육아다. 아이를 보는 것이다.
특히 하루 종일 아이를 보는 건 죽음이다. 세상에 이보다
힘든 일은 별로 없는 것 같다. 그래서 젊은 여자들 사이에
서 '독박육아'란 말이 생겼는데 기막히게 만든 말이란 생
각이 든다.

내가 생각하는 좋은 남편은 아이를 잘 보는 사람이다.
아이를 잘 본다는 것이 어떤 의미일까? 아이가 잘 놀 때
아이를 예뻐하는 건 아이를 잘 보는 게 아니다. 별다른 가

치가 없다. 아이를 잘 본다는 건 육아에 뭔가 도움이 되어야 하는 것이다. 아이가 똥을 싸거나 징징거릴 때 적극 대처할 수 있는 것, 아이를 혼자 데리고 나가 몇 시간 놀아주는 것, 아이를 목욕시킬 수 있는 것, 그래서 아기 엄마들이 잠시라고 쉬게 해주는 게 아이를 잘 보는 것이다.

처신의 핵심은 무언가에 도움이 되는 것이다. 최악은 아무 도움이 안 되면서 잔소리만 하는 것이다. 처신을 잘한다는 건 무언가에 필요한 존재가 되는 것이다. 반대는 아무에게도 도움이 되지 않는 있으나마나한 존재가 되는 것이다. 당신은 어떤가?

중요한 건 실천이다

도인에게 "어떻게 사는 것이 잘 사는 것이냐?"고 물었다. 그는 "착하게 살면 된다."고 한 마디 했다. 그런 거 말고 다른 이야기를 해 달라고 했다. 너무 시시했던 것이다. 도인은 착하게 살아야 한다는 건 누구나 알고 있지만 아무나 할 수 없는 일이라고 답했다.

진리란 너무 지루하고 뻔하고 모두가 아는 이야기들이다. 건강하기 위해서 운동하고 소식하고, 잘자고 잘 먹고 마음 편하게 갖고 등등…. 이 중 태어나서 처음 듣는 말이 있는가? 수 백 번은 들은 이야기들이다. 너도 알고 나도 아는 것들이다. 몰라서 못하는 일은 거의 없다. 대부분 알지만 못하는 일이다. 언젠가는 해야지 하면서 미루고 있는 일이다. 잘 산다는 것은 미루지 않고 그때그때 실천하며 사는 삶이다. 누구나 알고 있지만 아무나 할 수 없는 일을 하는 것이다.

안다는 것이 무얼까? 내가 생각하는 안다는 것의 정의는 실행이다. 실천이다. 실천하지 못하고 머리로만 아는 건 사실 아는 게 아니다. 모르는 것과 다를 바 없다.

사소한 것이라도 실천을 하는 사람과 머리로만 알고 있는 사람의 삶은 다르다. 부자가 되는 것이 그렇다. 돈에 관한 책을 많이 읽는다고 부자가 되는 건 아니다. 재테크 책을 많이 읽었다고 부자가 되진 않는다. 그저 부자들에 관한 이야기를 많이 아는 사람이 될 가능성이 높다. 『부자 아빠 가난한 아빠』란 책 덕분에 부자가 된 사람은 저자 로버트 기요사키 뿐이란 우스개 소리가 그래서 있는 것이다. 이유는 실행하지 않기 때문이다. 중요한 것은 실행력이다. 하나라도 실천해 보는 것이 중요하다.

운동의 중요성을 아는 대신 매일 걷고 운동하는 것이 더 중요하다. 실천이 제일 중요하다. 밥을 먹어야 산다는 사실을 모르는 사람은 없다. 당연히 그 이야기를 하면 사람들은 관심을 두지 않는다. 하지만 먹지 않고도 살 수 있다는 말을 하면 사람들은 눈을 동그랗게 뜨고 모여든다. 그건 대부분 사기다. 많이 걷고 소식하고 마음을 곱게 써야 건강할 수 있다고 말하면 사람들은 코웃음을 칠 것이다. 하지만 걷지 않아도, 많이 먹어도, 마음을 함부로 써도 건강할 수 있다면 사람들은 관심을 보인다. 공부를 열심히 해서 좋은 학교를 가야 성공할 수 있다고 하면 비웃음을 사지만, 공부를 하지 않아도 성공할 수 있다고 하면 사람들은 환호한다.

진리는 누구나 알고 있는 심심하고 뻔한 소리다. 알고 있다고 누구나 실천하는 건 아니다. 안다고 생각하는 것과 실제 그걸 실천하는 것은 완전 다른 이야기다. 이 뻔한 사실을 실천하는 사람은 5퍼센트쯤 된다. 성공하는 사람의 비율과 일치한다.

먼저 인사하라

아침 출근시간에 어떤 모습으로 행동하는가? 서로 반갑게 눈을 보며 활기찬 목소리로 인사를 하는가? 아니면 만나도 못 본체 스마트폰이나 보지는 않는가? 서로를 소 닭 쳐다보듯 보지는 않는가? 출근하는 엘리베이터에서는 어떤가? 활기가 넘치는가, 아니면 적막강산인가?

인사하는 것을 보면 그 사람을 알 수 있다. 인사를 할 때 위아래를 가릴 필요는 없다. 먼저 보는 사람이 밝은 목소리로 하면 그뿐이다. 인사하는 모습을 보면 그 회사를 알 수 있다. 인사는 회사의 사기를 보여주는 척도다. 인사는 기본 예절이다. 존경, 사랑, 우정을 표시하는 행동양식이다. 인사는 인간관계를 원활하게 한다. 인사는 나를 돋보이게 한다. 인사는 동지의식을 느끼게 하는 촉매다. 사회생활의 기본이다. 인사 잘 하는 사람 중 불친절한 사람은 없다. 우리는 아이들한테 "어른을 보면 인사를 하라."고 한다. 하지만 그러는 자신은 웬만해서는 인사를 하지 않는다. 인사만 잘 해도 팔자가 바뀐다.

"내가 어떻게 먼저 인사를 해? 나는 인사를 받는 쪽이지, 상대가 내게 먼저 인사를 해야 한다고 생각하는 사람은 교만한 사람이다. 분명히 아는 사람인데도 눈인사도 나누지 않고 피하는 사람은 고독한 사람이다. 그럴 때면 일부러 찾아가서라도 악착같이 인사를 나누곤 한다. 인사는 전염성이 강하다. 모임에서 한 사람이 마음이 담긴 인사를 시작하면 곧바로 이 사람 저 사람으로 그게 확산되어 모임 전체가 축제 분위기로 변한다. 내가 먼저 인사를 나누는 것은 무엇을 바라서가 아니라 우선 내가 기분이 좋아지기 때문이다. 인사는 마치 촛불에 불을 댕기는 것과 같아서 인사를 건네고 나면 두 사람 사이에 촛불이 켜진 것처럼 마음이 따뜻해지고 정감이 흐르게 된다. 작은 행위임에도 불구하고 인사는 사람과 사람 사이를 부딪히게 하는 부싯돌과 같은 것인데도 나는 왜 사람들이 인사에 인색한지 그 이유를 모르겠다." 소설가 최인호의 말이다. 이 말을 들은 후 나도 가능한 먼저 인사를 한다. 그러면서 내 기분이 좋아지는 걸 느낀다.

빠릿빠릿한 사람이 되라

택시기사 중에는 물어봐도 대답을 하지 않는 사람들이 많다. 도대체 알아들은 것인지 못 알아들었는지 알 수가 없다. 자기 직업에 대한 자부심이 없기 때문이다. 반대로 싹싹하고 시원시원하게 답하는 기사들도 있다.

실패한 사람들은 대부분 느리다. 대답도 느리고 행동도 느리다. 뭘 하나 시켜도 꾸물거리면서 진도가 나가지 않는다. 상사 입장에서는 복장이 터진다. 성공한 사람들은 빠릿빠릿하다. 엉덩이가 가볍다. 피드백이 빠르다. 실패한 사람들은 느리고 꾸물거린다. 불러도 바로 대답하지 않고 벌떡 일어나 달려 나오는 일은 없다.

꾸물거리는 것과 신중함은 다르다. 그건 게으름이고 잘못 밴 습관일 뿐이다. 당신은 어떤 사람인가? 빠릿빠릿한가, 느려터졌는가? 사람을 기다리게 하는가, 아니면 다른 사람을 기다리는가?

앞자리에 앉아라

어떤 신입사원이 실수로 안경을 두고 왔다. 할 수 없이 맨 앞자리에 앉았다. 그는 최우수 신입사원 상을 받았다. 맨 앞자리에 앉으면 열심히 들을 수밖에 없고, 남들이 졸 때도 졸 수 없다. 그래서 강사들이 만장일치로 그를 선출했다. 실제 일어난 일이다. 무슨 공연이건 제일 앞자리가 R석이고 가장 비싸다. 그만큼 공연자와 가까이 있는 게 유리하기 때문이다. 하지만 강연 때는 그렇지 않다. 특히 회사에서 하는 교육에서는 뒷줄부터 채우기 시작한다. 공부에 대한 니즈가 없는 인질이라는 것을 인정하는 셈이다.

가장 쉬운 변화 중 하나는 일찍 앞자리에 앉는 것이다. 거기에 기회가 널려 있다. 록펠러의 어머니는 어린 록펠러에게 늘 두 가지를 부탁했다. '예배당에 30분 먼저 도착하는 것'과 '맨 앞자리에 앉는 것'이 그것이다. 당신은 뒷자리에 앉는가, 아니면 앞자리에 앉는가? 자칫하면 영원히 뒷자리에 있을 수도 있다. 아찔하지 않은가?

분수를 지켜라

좋은 신발이란 어떤 신발일까? 큰 신발? 아니다. 자기 발에 맞는 신발이 좋은 신발이다. 집도 그렇고 차도 그렇다. 집이 식구에 비해 너무 크면 사람이 집에 눌린다. 작은 사람이 너무 큰 차를 몰면 차만 보이고 사람은 보이지 않는다. 자리도 그렇다. 인생 최대의 비극은 그릇이 되지 않는 사람이 큰 자리에 앉는 것이다. 주변 사람에게도 민폐지만 본인이 최대 희생자다. 누구보다 자신이 그 사실을 잘 알기 때문에 괴롭다. 사람들 입에 오르내리게 된다. 마음고생도 심하고 추락의 공포를 느끼며 살 수밖에 없다. 자신의 작은 그릇을 숨기는 것도 힘이 든다. 그렇기 때문에 자기에게 맞는 자리가 좋다. 아니, 자기보다 약간 작은 자리에 있어야 행복하다. 그럼 저 사람이 여기 있기 아깝다는 말을 들을 수 있다. 이게 여백의 기쁨이다. 이런 사람은 앞으로 좋아질 일만 남았다. 그게 분수를 지키며 사는 길이다.

박수 칠 때 떠나라

언제 회사를 떠나야 할까? 회사도 잘 나가고 나도 잘 나갈 때 떠나는 것이 좋다. 그래야 유리하다. 개인도 최고의 몸값을 받을 수 있다. 회사가 무너지기 시작하면 몸값이 떨어진다. 잘 나갈 때 회사를 떠나야 한다. 현직에서 잘 나가는 사람은 다른 곳에서도 탐을 낸다. 협상에서도 유리한 위치를 점할 수 있다. 자기가 원하는 조건을 제시하고 아니면 현직에 그냥 머무르면 된다. 당연히 시장에서도 더 좋은 조건으로 그를 스카우트하려 한다. 최악의 상황은 회사도 무너지고 나도 무너질 때이다. 거의 재취업 가능성이 없다. 대부분 반대로 한다. 전혀 이직의 생각이 없다. 평생 회사를 다닐 것처럼 생각한다. 그러다 구조조정을 당한 후 비로소 이직 준비를 한다. 불리할 수밖에 없다. 아무런 협상력이 없다.

세상만사가 다 그렇다. 지금 돈을 잘 벌어도 늘 비 오는 날에 대비해 저축해야 하고, 나이들 때를 대비해 사람들에게 밥도 사야 한다. 무엇보다 박수칠 때 떠날 수 있어야 한다.

떠날 때를 알아야 한다

사람은 떠나는 뒷모습이 좋아야 한다. 엘지그룹의 구자경 회장은 은퇴한 후 버섯을 키웠다. 이수화학 김준성 회장은 작가의 길로 들어섰고, 지미 카터 전 대통령은 현직 때보다 은퇴 후 더 활발한 활동으로 새롭게 평가받고 있다. 모두 뒷모습이 아름다운 사람들이다. 가장 인상적인 사람은 미래 산업의 정문술 회장이다. 한창 일해도 되는 나이에 홀연히 회사를 떠나 자선사업 등에 관심을 가졌다.

나이가 들수록 욕심을 조심해야 한다. 이를 노추라고 한다. 노년에 추하다는 뜻이다. 『명심보감』에 '지지상지 종신무치(知止常止 終身無恥)'란 말이 나온다. '끝낼 바를 알아 마땅히 잘 마무리하면 평생 부끄럼을 당하지 않는다'는 뜻이다. 평생 잘 살다 말년에 흉한 꼴을 당하는 사람을 보면 안타깝다.

처렴상정(處染常淨)

깨끗한 곳에 살지만 본인은 더럽다. 깨끗한 곳에 살면서 본인도 깨끗하다. 더러운 곳에 살면서 본인도 더럽다. 더러운 곳에 살지만 본인은 깨끗하다. 여러분은 이 중 어디에 속하는가? 속세란 어떤 곳일까? 그 자체가 더럽고 그 안에 사는 우리들도 때가 묻는다. 어쩔 수 없는 일이다. 최악은 깨끗한 곳에 살면서 정작 본인은 더러운 것이다. 성직자나 교육자 같은 사람들이 타락하면 이런 표현을 쓸 수 있다.

나 같은 일반인이 젤 선호하는 것은 깨끗한 곳에 살면서 나 자신도 깨끗한 것이다. 별다른 노력 없이 주변에 잘 적응만 하면 된다. 그렇다면 성인군자란 어떤 사람일까? 내가 생각하는 성인군자는 더러운 속세에 살지만 자신은 깨끗함을 유지하는 것이다. 이른바 처렴상정(處染常淨)이다. 오염된 곳에 살지만 자신은 오염되지 않는다는 뜻이다. 꽃으로 치면 연꽃이 그렇다. 연꽃은 깨끗한 물에 살지 않는다. 더러운 물에 살지만 자신의 꽃이나 잎에는 그 더러움을 묻히지 않는다. 내가 연꽃을 좋아하는 이유이다.

지혜의 정의

안에서는 보이지 않고 밖에서만 보이는 게 있다. 빨리 갈 때는 보이지 않고 천천히 갈 때만 보이는 게 있다. 환한 데서는 보이지 않고 어두운 곳에 있을 때만 보이는 게 있다. 잘 나갈 때는 보이지 않고 바닥에 떨어져야 보이는 게 있다. 젊어서는 보이지 않고 나이가 들어야 보이는 게 있다. 서 있으면 보이지 않고 무릎을 꿇어야 보이는 게 있다. 대충 봐서는 보이지 않고 자세히 보아야 보이는 게 있다. 나는 못 보지만 남들은 보는 게 있다. 그걸 아는 게 지혜가 아닐까?

알릴 때와 그렇지 않을 때를 구분하는 것도 지혜다. 누군가의 도움을 받았거나 신세를 졌을 때는 사람들에게 이 사실을 적극 알려야 한다. 반대로 누군가에게 도움을 주었을 때는 그 사실을 가능한 숨겨야 한다. 순서를 뒤집으면 곤란하다. 도움 받은 사실을 혼자만 알고 있으면 도움 준 사람이 의아해할 수 있고, 도움 준 사실을 사람들에게 떠벌리고 다니면 도움 받은 사람은 곤혹스러워할 수 있다. 이래저래 처신은 쉽지 않다.

돈 자랑을 하지 마라

세상에는 네 종류의 인간이 있다. 돈이 있지만 티를 안 내는 사람, 돈이 있다고 있는 대로 티를 내고 돈 자랑을 하는 사람, 돈도 없는데 있는 체하는 사람, 돈은 없지만 그 사실을 드러내지 않는 사람이 그것이다. 돈의 유무와 티를 내는 정도로 나눈 것이다. 최선은 돈은 있지만 티를 내지 않는 것이다. 당신은 어디에 속하는가?

돈 자랑과 돈을 쓰는 것으로 나눌 수도 있다. 돈 자랑은 하지 않지만 남을 위해서는 아낌없이 나누는 사람, 돈 자랑도 하지 않고 쓰지도 않는 사람, 돈 자랑은 하면서 남에게 인색한 사람, 돈 자랑도 하고 돈도 잘 쓰는 사람이 그것이다. 최선은 돈 자랑은 안 하지만 남을 위해 쓰는 사람이고 최악은 돈 자랑만 하고 남에게 인색한 사람이다. 시간만 나면 장소를 불문하고 돈 자랑하는 사람이 있다. 아들 혼수로 얼마를 주었다느니, 남편이 다이아 몇 캐럿을 사줬다느니, 그러면서 정작 친구들에게 밥 한번 사지 않는다. 이들은 뭔가 허전한 사람들이다.

돈을 벌기 위해서도 공부가 필요하다. 하지만 돈을 잘 쓰기 위해서는 정말 공부를 많이 해야 한다. 돈을 버는 것

보다 돈을 잘 쓰는 게 훨씬 중요하고 훨씬 힘들다. 돈 자랑
만 실컷 하는 사람을 보면서 든 생각이다.

부지언 무이지인(不知言 無以知人)

지인 소개로 해외에서 활동하는 유명 사업가를 몇 번
만난 적이 있다. 처음에는 그냥 만났는데 나중에는 자신
이 쓴 책을 번역해 소개해 달라고 부탁을 했다. 그러나 그
일은 결국 진행되지 않았다. 처음 느낌은 나쁘지 않았다.
그런데 만날 때마다 자기 자랑이다. 자기 강의에 사람들
이 얼마나 열광하는지, 중국에서 자기 책이 얼마나 잘 팔
리는지, 어떻게 이렇게 대단한 책을 썼느냐는 문자를 하
루에도 여러 번 받는다는 등…. 난 거의 말을 하지 못했
다. 계속 그 사람 자랑을 들어야 했는데 그 일이 쉽지 않았
다. 그러면서 동시에 '어떻게 이 사람은 다른 사람의 칭찬
을 액면 그대로 믿을까?'란 생각을 했다. 그를 보면서 '부
지언 무이지인(不知言 無以知人)'이란 말이 연상됐다. 말을 알
지 못하면 그 사람을 알지 못한다는 뜻이다. 치우친 말을

하는 건 그 사람이 무언가에 가려있기 때문이다. 지나친 말을 하는 건 무언가가 빠져있기 때문이다. 간사한 말을 하는 건 도리를 떠났기 때문이고 회피하는 말은 논리가 궁핍하기 때문이다. 상대가 하는 말을 다 믿지는 말아야 한다. 사실 내 자신에게 가장 하고 싶은 말이기도 하다. 상대가 하는 칭찬은 반만 들어야 한다.

보지 않는다고?

'눈치 보지 마라'는 말을 자주 한다. 이 말을 들을 때마다 과연 그 말이 옳은 것인지 의문이 생긴다. 같이 사는 세상에서 눈치를 보지 않고 살면 어떤 일이 일어날까? 입고 싶은 대로 아무렇게나 입고 길에서 함부로 행동하고, 하고 싶으면 하고 하기 싫으면 안 한다면 이 사회가 돌아갈까? 지나치게 눈치를 보거나 남을 의식하는 건 문제지만 난 눈치를 봐야 한다고 생각한다. 분위기를 파악해 분위기에 맞는 행동을 해야 한다고 생각한다. 관련해 내가 좋아하는 최재천 교수도 비슷한 말을 했다. "나는 남의 눈치를 봐야 한다고 생각한다. 눈치를 보는 일은 결코 수치스러운 일이 아니다. 사회적 동물인 인간에게는 너무 자연스러운 행동이다. 눈치를 보지 않는 사람들을 미화하는 경향이 있는데 나는 그것이야말로 반사회적인 행동이라고 생각한다. 모두 남의 눈치를 보며 살면 이 사회는 그만큼 살기 좋은 곳이 될 것이라 확신한다."

강요하지 마라

난 강요란 단어가 싫다. 강요(强要)는 글자 그대로 강제로 요구하는 것이다. 상대는 그러고 싶지 않은 데 자꾸 그러라고 요구하는 것이다. 술자리에서 이런 일이 자주 일어난다. 술병을 들고 돌아다니며 사람들에게 술을 강권하는 사람들이 있다. 술을 좋아하는 사람에게 권하는 건 괜찮지만 원하지 않는 사람, 술 못하는 사람에게 그러는 건 일종의 폭력이다. 난 회식 자리 전에 아예 이렇게 말한다. "절대 술을 강요하지 맙시다. 우리 먹을 술도 없는데 왜 쓸데없이 술이 싫다는 사람에게까지 권합니까? 그들 일은 그들에게 맡기고 술 좋아하는 우리들이나 실컷 마셔요."
그럼 술을 안 하던 사람이 술을 달라고 하는 경우도 생기
면서 분위기가 좋아진다. 난 술을 좋아하지만 사람들에게
강요하지 않는다. 새로 들어온 사위들에게도 마찬가지이
다. 둘 다 술을 못한다. 체질적으로도 안 받는다.

사람들이 뭔가를 강요하는 이유는 뭘까? 자기 생각은
옳고 상대 생각은 틀렸다고 생각하기 때문이다. 자기에게
좋은 것이 상대에게도 좋다고 착각하기 때문이다. 강요하
는 걸 사랑으로 오해하기도 한다. 내가 생각하는 강요의
정의는 자기 생각을 남에게 억지로 주입하는 것이다. 강
요는 교만의 다른 표현이다.

너 힘든 건 아무것도 아니야

힘이 들어도 힘든 이야기를 주고받을 수 있으면 살 수
있다. 당연히 힘든 이야기를 나눌 수 있는 사람이 필요하
다. 힘든 이야기를 할 수 있어야 하고 힘든 이야기를 들어
주어야 한다.

그런데 듣는 일은 보통 일이 아니다. 가끔 듣는 건 괜찮지만 만날 때마다 들어야 한다면 그건 고통이다. 그럼에도 힘든 이야기를 잘 들어주는 일은 성숙한 사람만이 할 수 있는 가치 있는 일이다. 오랜만에 힘든 이야기를 하면 기다렸다는 듯이 "너 힘든 건 힘든 것도 아니야, 내가 더 했어."하면서 기다렸다는 듯이 자기 힘든 이야기를 꺼내는 사람이 있다. 남의 고통을 빌미로 자기 힘들었던 이야기를 하고 싶은 모양이다. 위로 좀 받고 싶어 힘든 이야기를 꺼냈는데 내가 거꾸로 그를 위로할 지경이다. 되로 주고 말로 받는 상황이다. 마치 '누가 누가 더 힘들었나?'를 겨루는 것 같다.

맛있는 대화를 위해서는 잘 들어야 한다. 잘 듣는다는 건 그 사람 말에 집중하는 것이다. 그 사람이 한 말을 반복하고 그 사람의 심경을 말로 표현하고, 질문을 하고 온몸으로 그 사람 말을 들어야 한다. 힘든 이야기를 듣고 기다렸다는 듯이 자기가 더 힘들었다고 말하는 건 상대를 모욕하는 일이다. 힘든 상대를 더 힘들게 하는 행위이다.

선선한 사람이 되어라

까칠하고 까다로운 사람이 있다. 이런 사람들은 뭐 하나 그냥 넘어가는 법이 없다. 자기 안테나에 뭔가 걸리면 꼭 짚고 넘어가야 직성이 풀린다. 이런 것에 자부심까지 느끼는 것 같다. 같이 외식을 해도 '조미료를 많이 썼다, 생선회가 신선하지 않다, 난 텍스타일을 보면 알 수 있다, 조명이 너무 밝다, 직원이 불친절하다'라고 하면서 트집을 잡고 집들이하는 집에서조차 음식평론가처럼 짜니, 시니, 덜 익었느니 하면서 음식 타박을 한다. 이런 사람과의 만남은 신경이 쓰인다. 식당 선정도 함부로 할 수 없다. 기름진 건 싫다니까 중식은 안 되고, 날 것도 안 되니 일식도 사절이고, 차 떼고 포 떼면 남는 건 한식뿐이다. 시끄러운 것도 싫고 양이 많아도 안 되고 적어도 안 되고, 비싸도 안 되고 저렴해도 안 된다고 하니 정말 갈 곳이 마땅치 않다. 당연히 그 사람과의 만남이 줄어든다.

그런데 왜 이들은 까다로울까? 태생적인 면도 있지만 까다롭게 구는 걸 통해 자신이 다른 사람보다 낫다는 걸 증명하려는 것이다. 나는 그렇게 호락호락한 사람이 아니란 걸 알리고 싶은 것이다. 하지만 결과는 완전 반대다.

모두가 기피하는 사람이 될 뿐이다. 어느 자리에서도 환영받지 못하는 사람이 되고 만다. 이런 사람을 전문용어로 진상이라고 부른다. 상진이 아빠 혹은 상진이 엄마라고도 부른다.

가만히 있어라

경주 최씨 가훈 중 육연이란 것이 있다. 자처초연, 대인애언, 무사징연, 유사감연, 득의담연, 실의태연이 그것이다. 혼자 있을 때 초연하고, 사람은 애정으로 대하고, 아무 일 없을 때는 맑게, 일이 생겼을 때는 용감하게, 뜻을 얻었을 때는 담담하게, 실의에 빠졌을 때는 태연하게 있으란 말이다. 이 중 가장 힘든 게 뭘까? 무사징연과 득의담연이 가장 힘들 것 같다.

여러분은 아무 일 없을 때 어떻게 하는가? 대부분 사람들은 FOMO(fear of missing out) 증후군에 시달리는 것 같다. 자신만 제외되는 것 같은 두려움을 말한다. 가만히 있으면 뒤처진다고 생각해 뭔가 자꾸 만들어내는 것이다. 약속을 만들고 어디든 가려 한다. 아무 일 없을 때는 정말 아무 일 하지 말고 집에 있어 보라. 난 혼자 있는 시간을 좋아한다. 할 일이 제법 많다. 책도 보고 명상도 하고 운동도 하고, 산책도 하고 책상 정리도 한다. 가슴 깊이 충만함이 올라온다.

득의담연도 어렵다. 뭔가 좋은 일이 있을 때는 평상심을 갖기 어렵다. 자꾸 떠벌리고 잘난 척을 하게 된다. 그럴 때 기억하면 좋은 사실 하나가 있다. 내가 생각하는 성공의 정의 중 하나는 더 이상 나를 증명할 필요가 없는 상태다. 남이 나를 인정한다고 내가 더 나아지는 건 아니다. 남이 나를 비난한다고 내가 더 나빠지는 것도 아니다. 나는 나일 뿐이다. 남이 뭐라 하건 나는 내 인생을 산다. 세상이 그렇게 홀가분할 수 없다.

잔소리를 하지 마라

신혼 초, 유학을 앞두고 처가에서 일년 살 때의 일이다. 출근을 하다 아내에게 손수건을 부탁했다. 서랍을 뒤적이던 아내가 빨아놓은 손수건이 없다면서 대신 가재수건을 건네주었다. 난 별 생각 없이 호주머니에 넣었다. 그 장면을 본 장인어른이 나중에 아내를 호되게 야단쳤다는 것이다. "어떻게 살림하는 여자가 남편에게 가재수건을 줄 수 있느냐? 다른 사람들이 이를 보면 뭐라고 하겠느냐?" 대강 이런 내용이다. 당사자는 별 말을 하지 않는데 아버지로부터 야단을 맞은 아내는 그때 결혼을 잘 했다고 생각했단다.

난 잔소리를 잘 하지 않는다. 거의 해 본 기억이 없다. 잔소리를 하다 보면 내 자신이 우스꽝스럽게 느껴진다. 나같이 허술하고 빈틈 많은 사람이 누군가에게 잔소리한다는 게 상상이 되지 않는다. 그럴 자격이 없다는 걸 난 잘 알고 있다. 또 잔소리 듣는 걸 싫어하기 때문에 잔소리를 하지 않는다. 내가 유일하게 아내로부터 받은 칭찬은 바로 '잔소리를 하지 않는다'는 것이다. 잔소리는 하지도 말고 받지도 말자. 그게 정말 괜찮은 처신이다. 정신건강에도 좋다.

참아야 할 일과 피해야 할 일

견디지 못하는 게 있는가? 뭘 가장 견디지 못하는가? 의도적으로 피하는 게 있는가? 왜 피하는가?

인생에는 참아야 할 때가 있다. 참아야 할 때 참지 못하면 일을 그르칠 수 있다. 때로는 더럽고 치사한 것도 참아야 한다. 힘도 없으면서 성질대로 하다 인생 종치는 경우가 많다. 피해야 할 것도 있다. 피하지 않고 성질대로 하면 그 역시 위험할 수 있다.

이와 관련해 가장 좋은 좌우명은 청나라 말기 증국번(曾國藩)이란 사람의 4내 4불이다. 네 가지를 참고 네 가지를 하지 말라는 것이다.

참아야 할 네 가지는 냉고번한이다. 내냉(耐冷), 내고(耐苦), 내번(耐煩), 내한(耐閑)이다. 세상 사람들의 냉대, 괴로움, 번민과 번뇌를 참아야 한다는 것이다. 그 중 가장 중요한 것은 한가함을 참는 것이다. 쓸데없이 돌아다니고 일을 벌이지 말라는 것이다. 난 이상하게 이 말에 꽂혔다. 여러 사람들 모습이 연상되었다. 왜 저렇게까지 돌아다닐까? 그래서 얻는 게 뭘까? 언제 책을 읽고 언제 운동하고 언제 쉴까? 힘은 들지 않을까? 비용도 제법 들 텐데 감당은 될까?

하지 말아야 할 네 가지는 격조경수이다. 불격(不激), 부조(不躁), 불경(不競), 불수(不隨)다. 과격한 행동, 초조, 쓸데없는 경쟁, 남의 뒤를 쫓지 말라는 것이다. 이 네 가지는 완전 현대인의 모습이다. 별거 아닌 일에 격하게 반응하고 화를 내고, 쓸데없이 초조해하고, 별거 아닌 일에 목숨 걸고, 남이 뭐를 한다 하면 우르르 몰려다닌다. 오래 전 이 이야기를 들었는데 내 행동을 돌아보는 좋은 장치다.

5장

포기할 건 포기하라

노력해도 안 되는 일

아무리 노력해도 안 되는 일이 있다. 사랑이 그렇다. 사
랑은 노력으로 되지 않는다. 그 사람이 맘에 든다고 접근
하고 들이댈수록 그 사람은 기겁하며 도망친다. 사랑할
사람이면 별 노력하지 않아도 나를 사랑할 것이고, 그렇
지 않은 사람이라면 아무리 노력해도 소용없다. 잊는 것
도 그렇다. 자식을 잃은 사람, 애인과 결별한 사람에게 잊
으라고 이야기한다. 쓸데없는 조언이다. 잊는 것은 노력
으로 할 수 있는 일이 아니다. 그건 시간만이 해결할 수 있
다. 누구나 부자가 되고 싶어 하지만 부자가 되는 사람은

극히 일부분이다. 하지만 마음 편히 사는 일은 누구나 할 수 있다. 마음을 고쳐먹는 데는 비용이 들지 않기 때문이다. 할 수 있는 일에 힘을 쓰고 할 수 없는 일을 포기하는 것이 지혜이다.

세상에는 세 종류의 일이 있다. 내가 할 일, 남이 할 일, 하늘이 할 일이 그것이다. 노력한다고 모든 일이 되는 것은 아니다. 지혜는 그걸 구분하는 것이다.

불황을 감수하라

온이 있어야 오프가 있고, 오프가 있어야 온이 있다. 추위가 있어야 더위가 있고, 오목이 있어야 볼록이 있다. 진리 중 진리다. 그런 면에서 가장 위험한 건 계속 긴장을 하고 있거나 계속 퍼져있는 것이다. 일할 때가 있으면 쉴 때가 있어야 한다. 불황도 그렇다. 불황이란 무엇일까? 내가 생각하는 불황은 '기존의 상품과 서비스와 유통채널이 더 이상 작동하지 않는 것'이다. 사람들이 변했는데 변했다는 사실을 인지하지 못한 채 예전 방식대로 사업을 하다 보니 안 되는 것이다. 호황이 있으니까 불황도 있는 법이다.

그렇다면 불황에는 어떤 의미가 있을까? 관련해 이어령의 『생명은 자본이다』에 좋은 해석이 있어 소개한다.

불황을 뜻하는 영어의 리세션은 라틴어 리세스에서 나왔다. 멈춤과 쉼이란 의미이다. 잠시 성장과 전진을 멈추고 휴식한다는 의미이다. 경제활동이 과열되고 더 이상 시장이 지탱할 수 없는 번영의 극에 이르면 경제에도 동면의 철이 찾아온다. 긴 안목으로 보면 불황은 자연스러운 현상이다. 불황은 인간에게 동면 같은 역할을 한다. 경제도 동면하는 것이다

잘 나가는 것, 늘 바쁜 것이 좋은 것만은 아니다. 불황이 있어야 쉴 수 있고, 쉬면서 새로운 변화를 모색할 수 있는 법이다. 내가 생각하는 불황의 의미다.

때론 체념도 약이 된다

희망은 좋고 체념은 나쁜 것일까? 꼭 그런 것만은 아

닌 것 같다. 2016. 6. 25 조선일보에 울트라 마라토너 부부 김미순, 김효근씨 인터뷰 기사를 보고 그런 생각을 하게 되었다. 이 기사는 눈이 안 보이는 부인이 남편과 함께 마라톤을 하는 이야기이다. 그녀는 결혼직후 베체트병에 걸렸다. 서서히 눈이 안 보이는 병이다. 그녀는 이렇게 말한다.

"차라리 바로 눈이 멀었으면 좋았을 겁니다. 그랬으면 실명을 더 잘 받아들였을 것 같아요. 전 10년 동안 눈이 더 나빠질지 걱정하며 시간을 허비했어요. 헛된 희망과 싸우느라 정신이 무너졌지요. 걱정하는 대신 내가 장애인이 되는 걸 받아들였으면 좋았을거란 후회가 돼요. 눈이 조금이라도 보일 때 장애인으로 살 준비를 해야 했어요. 저는 아직 점자도 못 읽어요. 후천성 시각장애인은 손 감각이 발달하지 않아서 점자 배우기가 쉽지 않아요. 문맹인 셈이지요. 미리 걱정만 하다 병을 키웠어요."

때로는 헛된 희망보다는 체념이 나을 수도 있다.

체념을 통한 문제 해결

기원 전후 중국 농민은 결실의 계절을 싫어했다. 그 무렵이면 흉노 같은 북방 기마민족이 어김없이 집단으로 나타나 곡물을 약탈하고 사라졌기 때문이다. 그래서 만든 것이 만리장성이다. 고대와 중세는 아무리 열심히 일을 해도 굶주림에서 빠져나오기가 쉽지 않았다. 그래서 금욕주의가 발달했다. 체념을 통한 문제 해결이다.

체념은 포기하는 게 아니다. 체(諦)는 '진리'의 체이다. 불교의 네 가지 진리인 고집멸도(苦集滅道)를 뜻하는 사성제(四聖諦)의 제가 '체념'의 제와 같은 글자이다. 국어사전에는 희망을 버리고 단념함과 더불어, 도리를 깨닫는 마음이란 뜻으로 나와 있다. 대화에서도 체념은 중요한 덕목이다. 주관을 단념하고 다른 사람을 받아들이는 게 체념이다. 포기하는 마음이 아니라 희망을 만들어가는 적극적 마음이다. 체념하지 못하는 마음은 희망이 아니라 미련일 뿐이다. 경청과 대화를 통해 작은 합의, 공통의 분모가 만들어지려면 자기주장을 체념하는 게 중요하다. 합의의 결과만큼 과정이 선해야 한다. 조성택 고려대 교수의 말이다.

포기는 또 다른 선택이다

'안 되면 되게 하라', '열 번 찍어 안 넘어가는 나무는 없다'와 같은 속담을 좋아하지 않는다. 안 되는 것은 안 되는 것이다. 안 되는 것을 억지로 하다 보면 무리수를 두게 되고 결국 큰 손실로 이어진다. 열 번 찍어도 안 넘어갈 나무는 안 넘어간다. 몇 번 찍어 안 넘어가면 그쯤에서 포기해야 한다. 남녀 간 사랑도 그렇다. 남녀 간 사랑은 일단 두 사람 눈이 맞아야 한다. 한쪽이 영 아니라고 생각하는데 노력한다고 사랑이 이루어지진 않는다. 그녀가 거절했는데 매일 꽃을 보내고 그녀의 집 앞에서 기다리다 보면 그녀가 어느 날 그를 사랑하는 일은 일어나지 않는다. 그건 드라마에나 나오는 일이다. 또 그렇게 그녀에게 시간을 쓰다 보면 소는 누가 키울 것인가? 회사 일은 안 하는가? 비현실적이다. 그런 면에서 난 무리해서 뭔가 하는 것에 동의하지 않는다.

포기는 또 다른 선택이다. 포기를 죄악시하는 일은 나를 불편하게 한다.

떨어질 때 떨어져야 한다

'철딱서니가 없다', '철이 안 났다'는 말을 한다. 여기서 철은 계절을 뜻한다. 철이 나지 않았다는 건 철에 맞는 행동을 하지 않는다는 뜻이다. 봄에 뭔가를 수확하려고 한다든지, 겨울에 씨앗을 뿌리는 것 등이 그렇다.

그렇다면 덜 떨어진 사람이란 무엇일까? 떨어져야 할 때 떨어지지 않는 사람이다. 떨어지지 않으려고 발버둥을 치는 사람이다. 환경이 바뀌었는데 기를 쓰고 그 자리를 보전하려는 사람이다. 사람이나 먹는 감이나 때가 되면 떨어져야 한다. 그게 자연 법칙이다. 아니 기꺼이 떨어질 수 있어야 한다. 기쁜 마음으로 다음 사람에게 바통을 넘길 수 있어야 한다. 과감할 수 있어야 한다. 과감의 한자는 果敢인데 과실을 뜻하는 '과'를 쓴다. 그 이유가 뭘까? 혹시 자신이 만든 과실을 기꺼이 포기하라는 말이 아닐까? 자신이 만든 과실을 즐기지 못하고 옷을 벗게 되어 억울하다는 사람에게 기쁜 마음으로 떠나라는 말을 해주고 싶다. 그래야 덜 떨어진 사람이 아니다.

안 되는 건 안 된다

'세상에 불가능은 없다', '내 사전에 포기란 없다', '포기는 김장할 때나 쓰는 말이다', '안 되면 되게 하라'는 말은 내가 듣기 싫어하는 말이다. 세상에 그런 말도 안 되는 소리가 어디 있는가? 어떻게 불가능이 없는가? 오히려 가능한 일이 적다. 포기할 때는 포기해야 한다. 안 되는 일은 안 되고, 될 일은 된다. 될 놈은 뭘 해도 되고 안 될 놈은 무슨 수를 써도 안 된다. 안 되는 일을 무리하게 하다 보면 꼭 탈이 나게 마련이다. 안 될 놈이 용을 쓰다 보면 꼭 문제가 생긴다. 사람 관계도 그렇다. 나를 좋아하는 사람은 나를 좋아할 것이고, 원래 나를 미워하는 자들은 내가 노력해도 여전히 나를 미워할 것이다. 이런 건 노력의 경지가 아니다. 그런 면에서 물 흐르듯 사는 것이 좋다.

Let by gone be by gone

지나간 건 지나가게 하라. 과거에 대한 집착과 미래에

대한 불안이 현재를 잠식한다. 어제 먹은 음식이 아직도 위장에 남아있으면 어떨까? 죽거나 아플 것이다. 감정도 그렇다. 어제 겪은 감정의 잔여물을 그대로 머무르게 하면 내 몸은 여기저기 뭉쳐서 딱딱하게 경직된다. 머릿속은 뒤숭숭하고 께름직하다. 이런 상태가 스트레스다. 스트레스를 받는다는 건 지나간 감정에 붙들려 다음 스텝을 밟지 못한다는 뜻이다. 이런 식의 잉여가 쌓이면 상처가 된다. 상처는 사건이 아니라 사건에 대한 기억이다. 사건을 해석하는 특수한 마음의 형식이다. 고미숙씨가 한 말이다.

해도 해도 안 되는 건 하지 마라

대학 졸업 후 10년 이상 고시에 매달린 사람이 있다. 결국 포기했지만 대가는 혹독했다. 자신도 가족도 모두 피해자가 되었기 때문이다. 박사학위를 따느라 10년 이상을 바친 사람도 있다. 13년 만에 학위는 했지만 이미 마흔 중반이 되어 취직을 못하고 있다. 사람들은 모두 나름의 주특기와 강점이 있다. 10년 이상 투자했는데도 성과가 나지 않는다는 건 뭔가 자신과 맞지 않는다는 것을 의미한다. 내 길이 아닌 것이다. 의지를 갖고 계속하는 것도 가치 있는 일이지만 아니란 생각이 들면 과감히 포기해야 한다. 그게 내가 생각하는 용기다. 주식투자에서 이를 '손실정지 명령'이라고 한다. 일정 한도를 정해 놓고 그 이하로 주가가 떨어지면 과감히 팔고 나오는 것이다. 조금 잃었을 때 미련을 떨쳐야 손실을 최소화할 수 있다. 하지만 현실은 어떤가? 그 동안 투자한 시간과 돈이 아까워 계속 미련을 갖고 꾸물대다 더 큰 손해를 본다. 해도 해도 안 되는 것은 하지 않아야 한다.

6장

철학적 뼈대를
분명히 하라

삶에서 정말 중요한 것

고대 인도의 왕 아쇼카와 동생 비타쇼카 이야기다. 형은 막강한 권력을 가졌고 동생은 원하는 모든 것을 누리며 방탕하게 생활한다. 형은 동생을 정신 차리게 하기 위해 쇼를 한다. 몰래 외출하면서 자기 옷을 두고 가는데 신하로 하여금 동생을 꼬드겨 그 옷을 입어보도록 한 것이다. 이는 대역죄에 해당해 동생은 처음에는 거부하지만 나중에는 입어본다. 바로 그 순간 형이 들어온다. 형은 동생을 사형에 처하겠다고 공갈 협박한다. 대신 배려의 의미로 7일간 모든 호사를 누리라고 한다. 원하는 여자, 음식, 음악 등등 그리고 7일 후 어땠느냐고 물어본다. 그러자 동생은 이렇게 답한다. "내가 어떻게 그 모든 것을 즐길 수 있겠습니까? 난 하루도 잠을 잘 수 없었습니다. 내가 곧 죽으리란 것을 알면서 어떻게 그 모든 것을 즐길 수 있겠습니까?" 형은 이렇게 답변한다. "언젠가 죽을 걸 알면서 어떻게 매일 감각적인 즐거움만 누릴 수 있겠느냐?" 이 경험을 통해 동생 비타쇼카는 크게 깨닫는다. 삶에서 무엇이 중요한가를 분명하게 보았던 것이다.

우리에게 정말 중요한 것은 무엇일까? 혹시 동생처럼 살고 있는 건 아닐까?

자판기 인생

무엇이 당신을 움직이는가? 가치에 의해 움직이는가? 아니면 돈에 의해 움직이는가? 옳은 일이지만 돈이 되지 않는 일과 옳지 않은 일이지만 돈이 되는 일이 있다면 이 중 어떤 것을 선택하겠는가? 그동안 당신은 어떤 일을 하면서 살아왔는가? 앞으로는 어떤 일을 하면서 살 예정인가? 돈만을 쫓는 삶은 자판기 인생이다. 돈이 들어가야 무언가 나오기 때문이다. 이상한 건 아니지만 뭔가 지루하고 삶의 활기가 느껴지지 않는다. 젊어서는 자판기 인생을 살 수 있다. 먹고 사는 문제가 그만큼 중요하기 때문이다. 하지만 나이가 들수록 자판기 인생을 벗어나고 싶다. 내가 좋아하는 일, 뭔가 사회에 도움 되는 일을 하면서 살고 싶다. 여러분은 어떤가?

내 인생은 나의 것

때론 짧은 시 하나가 큰 깨달음을 준다. 도봉산 입구에 있는 이병주의 시 《북한산 찬가》가 그렇다.

나는 북한산과의 만남을 계기로 인생 이전과 인생 이후로 나눈다. 내가 겪은 모든 굴욕은 내가 스스로 사서 당한 굴욕이란 것을 알았다. 나의 좌절 나의 실패는 오로지 그 원인이 나 자신에게 있다는 것을 알았다. 친구의 배신은 내가 먼저 배신했기 때문의 결과이고 애인의 변심은 내가 그렇게 만들었기 때문의 결과라는 것을 안 것도 북한산상에서이다.

　모든 것은 나로부터 시작되었다. 지금의 나는 과거 내가 한 행동의 결과이고, 미래의 내 모습은 지금 내가 하는 일, 만나는 사람, 뿌리는 씨앗의 결과물일 것이다. 내 인생은 다른 누구의 것이 아닌 내 책임이라는 사실만 받아들여도 우린 훨씬 홀가분하게 살 수 있지 않을까?

세상에 공짜는 없다

　해외에 사는 교민이 고국을 다녀가는 길에 개나리 가지를 꺾어 자기 집 앞마당에 옮겨 심었다. 이듬해 봄이 되어 잎은 무성했지만 꽃은 피지 않았다. 첫해라 그런가 생각했지만 2년째에도, 3년째에도 꽃은 피지 않았다. 추운 겨울이 없기 때문이다. 이처럼 저온을 거쳐야만 꽃이 피는 것을 '춘화현상'이라 한다. 튤립, 히아신스, 백합, 라일락, 철쭉, 진달래 등이 모두 이 현상을 보인다고 한다.

　인생에도 춘화현상은 적용된다. 인생의 황금기는 혹한

을 거친 뒤에 오는 법이다. '궁리'란 말도 비슷한 의미를 갖고 있다. 궁리는 궁할 때 이치를 깨우친다는 말이다. 편하고 잘 나갈 때는 새로운 아이디어가 나오지 않는다. 별다른 노력 없이도 잘 나가는 데 그래야 할 이유가 없기 때문이다. 뭐든 공짜는 없는 법이다.

갖지 못한 것은 줄 수 없다

화장품을 팔려면 내 피부가 깨끗해야 한다. 여드름이 가득한 사람이 화장품을 팔 수는 없다. 자신이 행복해야 행복에 대해 이야기할 수 있다. 아는 것이 없으면서 떠드는 것은 방전된 배터리로 시동을 거는 것과 같다. 우리는 가진 것만 줄 수 있다. 창고에서 인심이 나는 법이다. 먹고 살 여유가 있어야 남도 돌아볼 수 있다. 내 안에 기쁨이 넘쳐야 남도 기쁘게 할 수 있다. 내 안에 사랑이 있어야 남도 사랑할 수 있다. 내가 이해를 해야 다른 사람도 이해시킬 수 있다. 가진 게 있어야 줄 수 있다.

이 세상이 어지럽고 시끄러운 것은 자신이 없는 것을

남에게 주려고 하기 때문이다. 자신도 못하면서 남을 가르치려 한다. 자기 몸 하나 건사하지 못하는 사람이, 가정에서조차 대접을 받지 못하는 사람이, 세상을 바꾸겠다고 정치판을 기웃거린다. 자기 밥벌이 한번 한 적 없는 사람이, 세금 한번 낸 적이 없는 사람이 어려운 사람을 돕겠다고 나선다. 세상을 바꾸기 전에 나 자신을 바꿀 수 있어야 한다. 가난한 이웃을 돕기 전에 나 자신을 도울 수 있어야 한다. 갖지 못한 것은 줄 수 없다.

가진 것만 줄 수 있다

건강보조식품을 파는 사람을 만난 적이 있다. 끝내주는 거라며 입에 침을 튀기며 말을 한다. 말솜씨가 좋아 거의 넘어갈 뻔 했다. 하지만 그의 얼굴은 상태가 좋아보이지 않았다. 순간 이런 생각이 들었다. "당신은 그 약을 먹었는데 얼굴이 왜 그런가요?" 사야 할 이유가 없었다.

고객만족에 대해 강의를 하는 사람이 있다. 정말 강의를 잘 한다. 하지만 늘 얼굴이 어두웠다. 어느 날 난 그분에게 얼굴이 어두운데 혹시 그 사실을 알고 있는지 물어 봤다. 피치 못할 사연이 있었다는 사실을 알게 되었다. 그 분이 그 부분을 극복할 수 있으면 최고의 강사가 될 거라고 이야기했다.

내가 헬스장에서 개인지도를 받은 이유는 단순하다. 트레이너의 얼굴과 몸에서 광채가 났기 때문이다. 건강미가 넘쳤기 때문이다. 나도 저 사람에게 지도를 받으면 저렇게 될 수 있겠구나 생각했기 때문이다. 우리는 가진 것만을 줄 수 있다.

상업화의 부작용

병원이 상업화, 대형화하면서 본질보다는 비본질적인 것의 비중이 커지고 있다. 환자의 유익보다는 병원의 이익에 더 초점을 맞추는 것이다. 쓸데없이 MRI를 찍으라는 것도 그렇고, 보험이 안 되는 치료를 권하는 것도 그렇다. 그런 면에서 내가 다니는 치과의 원장은 참 괜찮은 분이다. 이 분은 임플란트 같은 건 별 관심이 없다. 잘 권하지도 않는다. 대부분 있는 치아를 잘 살려서 쓸 때까지 쓰라고 한다. 돈보다는 환자 편에서 생각한다. 그래서 우리 가족은 물론 다른 이들에게도 이곳을 권한다.

상업화로 인한 부작용의 대표는 미국 감옥의 민영화다. 자본주의가 발달한 미국이 감옥의 일부를 민영화했는데, 어떤 부작용이 생겼을까? 민영화 이후 죄수의 숫자가 대폭 증가했다. 특히 흑인남성 수감자 숫자가 엄청 증가했다. 가벼운 경범죄도 무조건 잡아넣는다. 그래야 감옥경영자가 이익을 볼 수 있기 때문이다. 교도소장과 판사가 짜고 죄를 무겁게 해서 억지로 감방에 집어넣는 일도 많이 일어나고 있다.

사실 돈은 무언가를 하기 위한 수단이지만, 자본주의가 발달하면서 돈을 버는 것 자체가 목적이 되는 경향이 있다. 주변을 봐도 그렇다. 돈이 제법 있는 사람들까지 주식과 절세에 혈안이 되어 있다. 지금 있는 돈을 쓰기도 바쁠 텐데 왜 그렇게까지 돈을 벌어야 할까? 다른 낙이 없으니 돈 버는 걸 낙으로 삼고 있는 건 아닐까?

주인으로 산다는 것

자기계발 책에 가장 많이 등장하는 말이 '내 인생의 주인이 되라'는 것이다. 난 그 말을 들을 때마다 내 인생의 주인으로 산다는 것이 정확히 어떤 의미인지 아리송한 경우가 많다. 우선, 반대말을 생각하면 의미가 조금 확실해진다. 주인의 반대인 손님으로 사는 게 어떤 것일까?

내가 생각하는 손님정신은 '내 인생은 내게 아니고 당신 거니까 당신이 알아서 결정하세요. 그럼 전 따르겠습니다'이다. 결정할 것도 없고 책임질 일도 없다. 내 인생을 남에게 외주를 주고 글자 그대로 손님처럼 사는 것이다. 별로 맘에 들지 않는다.

다음은 정확한 재정의다. 내가 생각하는 '주인으로 산다는 것'의 뜻은 '내 시간을 내 맘대로 쓰는 것'이다. 일어나고 싶을 때 일어나고 일하고 싶을 때 일하고 쉬고 싶을 때 쉬는 것이다. 세상은 불공평하지만 시간에 관해서는 지극히 공평하다. 부자나 가난한 사람이나 늙은 사람이나 젊은 사람이나 누구에게나 주어진 시간은 하루 24시간뿐이다.

따라서 내가 생각하는 인생의 주인으로 산다는 건 시간

활용을 잘하는 것, 내 시간을 생산적으로 쓰는 것, 내 시간을 내가 하고 싶은 일에 쓰는 것이다.

각박하게 살지 마라

아버지는 평생 월급쟁이로 근근이 가족을 건사하며 사셨다. 가끔 돈이 생겨 만두나 통닭 같은 것을 사 오면 세 남매는 열심히 이를 먹었다. 당신은 별로 드시지 않고 미소를 잔뜩 머금은 표정으로 물끄러미 우리를 보시다 꼭 하는 말씀이 있었다. "자식들 입에 뭔가 들어가는 걸 보는 것만큼 행복한 일은 없다. 니들이 먹는 걸 보면 너무 행복하다." 나 역시 그렇다. 내가 열심히 일하고 돈을 버는 가장 큰 이유는 기쁜 마음으로 써줄 아내와 자식이 있기 때문이다. 그게 내 존재의 이유이고 내가 돈을 버는 이유이다.

그런데 요즘은 달라진 것 같다. 얼마 전 지인이 내게 젊은 남자들이 결혼하지 않는 이유를 물었다. 난 의례적인 답변을 했는데 그것 외에 또 있다는 것이다. 뭐냐고 물어보자 자기가 버는 돈을 아내와 같이 쓰기 싫어서라는 것

이다. 자기가 번 돈을 왜 아내와 써야 하는지 그걸 납득할
수 없다는 것이다. 난 망치로 머리를 맞은 것 같은 충격을
받았다. 그렇다면 자신이 번 돈은 온전히 자신만을 써야
하는 것일까? 자신이 낳은 자식을 위해 쓰는 돈도 아까울
까? 문득 각박(刻薄)이란 단어가 떠올랐다. 각박이란 인정
이 없고 삭막하다는 말이다. 어쩌다 세상이 이 지경까지
왔을까? 당사자도 불쌍하고 그런 세상도 안타깝다.

지는 리더가 이기는 리더이다

똑똑한 상사, 모르는 게 없는 상사, 답정남(답이 정해진 남자)
같은 상사는 좋은 상사가 아니다. 그런 상사 앞에서 직원
은 늘 작아진다. 자신이 아무것도 아니란 생각을 하게 된
다. 아이디어도 사라지고 있어도 말하기를 꺼리게 된다.
당연히 리더만 바쁘고 직원은 한가한 조직이 된다. 어떻
게 하면 좋을까? 직원들이 숨쉴 공간, 편안한 분위기를 만
들 수 있어야 한다. 어떻게 하면 될까? 알아도 모르는 척
해야 한다. 지시 대신 질문할 수 있어야 한다. 질책 대신

설명이나 부탁을 할 수 있어야 한다. 자기 의견 대신 직원 의견을 먼저 물어야 한다. 상사의 의견은 지시의 다른 형태이기 때문이다. 자신의 잘못을 시인할 수 있어야 한다. 내가 거기까진 미처 생각하지 못했다고 고백할 수 있어야 한다. 직원의 말을 열심히 듣고 그것을 요약해 다시 물어볼 수 있어야 한다. 모르는 것은 솔직하게 모른다고 인정할 수 있어야 한다. 상사가 하는 말에 직원이 "그거 아닌데요. 제 생각은 다릅니다."라고 반문할 수 있어야 한다. 리더가 틀린 걸 쉽게 받아들이면 조직이 틀릴 가능성은 줄어든다. 반대로 리더가 틀린 걸 받아들이지 않으면 시장에서 리더가 틀렸다는 것을 증명해 줄 것이고 비용은 엄청날 것이다. 부하에게 지는 리더가 사실 이기는 리더이다. 부하에게 이기고 시장에서 장렬하게 전사한 수많은 리더가 그걸 증명한다.

수처작주(隨處作主), 입처개진(立處皆眞)

세상은 두 종류의 인간이 있다. 늘 주인처럼 생각하고

행동하는 사람과 늘 손님처럼 행동하는 사람이 그것이다. 어느 게 좋을까? 사실 손님처럼 살면 편하긴 할 것 같다. 손님 역할에는 책임이란 게 없다. 그저 뭔가를 요구하고, 코멘트나 하면 될 것이다. 불평하고 짜증을 내면 된다. 하지만 주인이 되는 순간 골치 아프다. 주인은 늘 고객을 생각한다. 고객이 없으면 자신도 없다고 생각한다. 당연히 그들이 원하는 게 뭔지, 그들의 불만이 뭔지, 어떻게 하면 그 불만을 해소할 수 있을지 생각한다. 힘은 들지만 보람이 있다. 충만한 삶을 살 수 있다.

이런 주인정신의 중요성을 강조한 말이 있다. 임제선사가 한 말 수처작주(隨處作主), 입처개진(立處皆眞)이다. '가는 곳마다 주인이 되라'는 말이다. 그럼 서있는 곳이 모두 참될 것이란 것이다. 현재 나는 어떤가? 주인처럼 살고 있는가, 아니면 손님처럼 살고 있는가?

인정에 목숨 걸지 마라

대부분의 사람들은 인정에 목숨을 건다. 인정받으면 자신의 가치를 실감할 수 있고 자신감이 생기고 열등감이 사라진다. 그러나 인정에 목숨을 걸어서는 안 된다. 위험하다.

직장에서 쓰레기를 발견하고 치우는 사람이 있다. 동료들은 전혀 눈치 채지 못하고 고마워하지도 않는다. 인사 한마디 건네는 사람이 없다. 그래도 계속 쓰레기를 치우겠는가? 계속 치우는 사람도 있고 치우는 걸 중단한 사람도 있다. 치우는 사람은 남과는 상관없이 사무실을 깨끗이 하기 위해 치운다. 그래야 자기 마음이 편하기 때문이다. 자신을 알아주지 않는다고 쓰레기 줍기를 중단한 사람은 왜 그럴까? 이 사람은 행동의 중심이 다른 사람에게 있다. 다른 사람이 알아주면 하고 알아주지 않으면 하지 않는다.

인정은 중요하다. 하지만 인정에 목숨을 걸어서는 안 된다. 타인은 타인이고 나는 나일뿐이다. 남이 알아주면 그 행동을 하고 알아주지 않으면 하지 않는다는 건 어리석은 일이다. 그런 사람은 타인의 만족을 위해 살 가능성이 높다. 우리는 누굴 위해 사는가? 당연히 자신을 위해 산다. 인정에 목숨을 거는 것은 타인을 위한 삶이다. 타인의 인정을 바라고 타인의 평가에만 신경을 쓰다 보면 끝내 타인의 인생을 살게 된다.

가능한 비판하지 마라

종편이 생기면서 비판을 업으로 사는 사람들이 늘고 있다. 이들은 하루 24시간 누군가를 파헤치고 그들을 비난하는데 시간을 쓴다. 댓글 다는데 목숨을 건 사람들도 있다. 무슨 일이 있을 때마다 비분강개(悲憤慷慨) 하면서 그걸 즐기는 사람들이다. 이들은 왜 이런 일에 그렇게 에너지를 쓰고 있을까? 비판을 하면 행복해질까? 그런 자기 삶에 만족할까? 이들은 어떤 사람일까? 왜 이런 일을 하고 있을까?

내가 생각하는 몇 가지 가설이다. 첫째, 이들은 자신의 단점은 보지 못하고 남의 단점만 본다. 똥 묻은 개가 겨 묻은 개 나무라는 격이다. 비난을 업으로 사는 사람 중 반듯하거나 타의 모범에 되는 사람은 별로 없다. 저절로 "너나 잘 하세요."란 말을 해 주고 싶은 충동을 느낀다. 그럴 시간에 자기 일에 충실하면 좋을 것 같다.

둘째, 남을 욕하는 동안에는 적어도 자신의 부족함을 잊을 수 있다. 자기 삶이 행복하고 만족스러운데 누군가를 비난하는 건 쉽지 않다. 비난하고 싶어도 내키지 않는다. 자꾸 남을 욕하는 이유는 자기 삶이 힘들고 맘에 들지 않기 때문이다. 이들은 사실 자신을 욕하고 있는 중이다.

셋째, 비난하는 동안은 자신이 그들보다는 낫다는 착각을 하게 된다. '저 놈은 나쁜 놈이야, 어떻게 저럴 수 있어'라고 말하면서 자신은 그렇지 않다고 생각한다. 과연 그럴까?

비난은 자만심과 자기과시의 다른 형태이다. 정말 이런 일로 밥빌이를 하고 싶지는 않다. 그럴 시간이 있으면 턱걸이를 하나 더 하는 게 낫다.

두려운 게 있어야 한다

세상에서 가장 무서운 사람은 두려운 게 없는 사람이다. 이런 사람은 정말 대책이 없다. 오냐오냐 하면서 성장한 사람 중 이런 사람들이 있다.

사람은 누구나 두려운 게 있어야 한다. 그래야 자신을 조절할 수 있다. 당신은 뭐가 가장 두려운가? 누구의 눈치를 살피는가? 종교가 필요한 이유 중 하나도 종교를 가진 사람들은 신의 눈치를 보기 때문에 행동에 절제가 있다. 여러분에게 산은 어떤 존재인가? 네팔 사람들은 히말라야 정상에 오르는 일이 없다. 그곳은 정복의 대상이 아니라 경외의 대상이기 때문이다. 사람은 모름지기 경외의 대상이 있어야 한다. 더구나 산 정상은 사람 살 곳이 못 된다. 정상에 오르는 것은 마치 없어도 될 물건을 만들거나 사랑하지 않는 사람을 농락하는 것과 다름이 없다. 산의 높이를 숫자로 표시하는 일도 없다. 신영복 선생의 말이다. 내게 경외의 대상은 무엇일까? 쓸데없이 모든 것에 오르려는 것은 아닐까? 안 해도 되는 말을 하는 것은 아닐까?

측은지심을 가져라

미국 재판장에서 어느 판사가 빵을 훔친 죄로 재판을 받는 노인에게 왜 염치없이 빵을 훔쳤냐고 물었다. 노인은 사흘을 굶었더니 먹을 것 밖에 보이지 않아서 그랬다고 답했다. 판사는 벌금 10달러를 선고했다. 노인의 딱한 사정을 용서할 것으로 생각했던 방청객들은 지나친 판결이라며 웅성거렸다. 그때 판사가 자신의 지갑을 꺼내며 이렇게 말했다. "10달러를 내야 할 사람은 접니다. 그 동안 좋은 음식을 너무 많이 먹은 것에 대한 벌금입니다." 그리고는 방청석을 향해 한 마디 했다. "노인은 또다시 빵을 훔쳐 먹을지 모릅니다. 그러니 여러분도 그 동안 좋은 음식을 먹은 대가로 조금씩 기부해주십시오." 웅성거리던 방청객들은 기꺼이 호응했다. 훗날 워싱턴 시장이 된 리야 판사의 이야기다. 측은지심이 있는 사람이다. 불쌍한 사람을 보면서 딱한 마음이 생기는 것이다.

난 차갑고 이성적인 사람보다는 따뜻하고 감성적인 사람에게 끌린다. 옳은 말을 기분 나쁘게 하는 것보다는 그 사람 처지를 헤아릴 줄 아는 그런 사람이 되고 싶다. "사랑과 동정심은 사치품이 아니라 필수품이다. 그 두 가지가 없으면 인류는 생존할 수 없다. 다른 이들이 행복하길 원하면 동정심을 실천하라. 당신이 행복하길 원하면 동정심을 실천하라." 달라이 라마의 말이다.

그럴 사람이 아니야

요즘 미투 사건으로 사회가 시끄럽다. 거기에 대해 사

람들 반응이 다양하다. 어떤 일이 터졌을 때 "그 사람은 그럴 사람이 절대 아니야."라고 강하게 의심하는 경우도 있고, 반대로 "그래, 내 그럴 줄 알았어. 그러고도 남을 사람이야." 라며 올 것이 오고 말았다는 반응을 보이는 경우도 있다. 왜 그럴까? 평소 그 사람의 태도와 행동이 다른 사람들에게 선입견을 심어주었기 때문이다. 말은 안 하지만 나름 그 사람을 보면서 미루어 짐작했기 때문이다.

철학이란 무엇일까? 윤리는 무엇일까? 철학은 훈련이고 윤리는 습관이다. 운동하듯 평소 자기생각을 다듬는 것이 철학이고 윤리란 말이다. 윤리(ethics)는 습관이란 뜻을 가진 에토스에서 나왔다. 그 사람이 자주 보이는 행동과 습관이 결국 그 사람이란 뜻이다. 엄숙하고 경건하게 윤리적인 이야기를 많이 한다고 윤리적인 사람은 아니다. 오히려 윤리적인 이야기를 많이 하는 사람은 의심스럽다. 백 마디 말보다 그 사람이 평소 자주 보이는 사소한 행동이 그 사람이 어떤 사람인지를 말해준다. 난 그럴 사람일까? 절대 그럴 사람이 아닐까? 남들 눈에 비친 난 어떤 사람일까? 두렵고 두려운 일이다.

7장

주제 파악

삶은 고해다

불교는 삶을 고해로 본다는 비판이 있지만 이는 비판할 문제가 아니다. 현실적 관찰이다. 환자들에게 병이 있다고 진단하는 의사에게 왜 모든 것을 비관적으로 보느냐고 따질 수는 없는 일이다. 사실 거의 모든 종교는 인간의 현실적 삶이 완전하지 못하다는 인식에서 출발한다. 우리에게 병이 있다는 것을 알고 받아들이는 것이 병을 고치려는 노력의 시발점인 것처럼, 인간의 조건 혹은 고통에 대한 자각은 죽음에 이르는 병이 아니라 새로운 삶으로의 출발점이다. 이런 의미에서 괴로움을 느낄 수 있는 것도 하나의 특권이다. 같은 티끌이라도 그것이 손바닥에 있을 때는 아무런 느낌이 없지만 눈에 들어가면 괴롭게 느껴지는 것처럼 우리의 영적 감수성이 예민할 때 삶이 괴로움이라는 사실을 절감할 수 있다.

내가 왜 그랬을까?

무슨 일이 있을 때마다 격렬히 반대하는 사람이나 단체가 있기 마련이다. 경부고속도로를 만들 때도 그랬고, 국산영화 스크린쿼터제도 때도, 도롱뇽 때문에 터널 뚫기를 반대할 때도 그랬다. 지금 생각하면 참 웃기는 일이다. 난 그런 이슈를 뽑아 〈내가 왜 그랬을까?〉란 제목으로 고해성사 워크숍을 제안하고 싶다. 그때 가장 심하게 반대했던 사람들이 나와 회고를 하는 것이다. '그때는 이런 논리로 반대를 했는데 지금 생각하면 이런 부분을 놓친 것 같습니다. 시간을 되돌릴 수 있다면 그런 행동은 하지 않을 겁니다. 그때 그 행동은 잘못됐습니다. 반성합니다'라고 고백을 하는 것이다.

실패가 필요한 이유는 실패에서 많은 것을 배울 수 있기 때문이다. 누구나 실패는 할 수 있지만 실패에서 배우지 못하면 실패를 반복할 수밖에 없다. 이를 위한 최선의 방법은 지난 이슈에 대한 반성과 복습이다. 역사에서 배우지 못하는 자는 잘못된 역사를 반복한다는 것이 역사가 가르쳐 주는 최고의 교훈이다.

도쿄대 법대와 서울대 법대

다치바나 다카시는 일본의 석학이다. 그는 일본의 관료주의가 심각해진 이유 중 하나로 도쿄대 법대 출신을 꼽고 있다. 그의 말이다. "대장성 관료를 비롯해 스캔들을 일으키고 있는 정부 고관 대부분이 도쿄대학 법학부 졸업생이다. 중학생이 나쁜 사건을 저지르면 즉시 학교에 문제가 있다, 교육이 잘못되고 있다는 식으로 비판하는데 어째서 대장성 스캔들에 대해 '도쿄대학 법학부는 도대체 교육을 시키는가?' 하고 비판하지 않는가? 도대체 왜 그럴까? 어떤 문제에 직면하더라도 '도쿄대학 법학부는 언제나 절대적으로 옳다. 무엇 하나 그릇된 것이 없다'라는 사고방식이 도쿄대학 법학부의 일관된 입장이다. 그들은 항상 백 퍼센트 옳다고 생각하는 사람들의 집단이다. 그들은 지금까지 인생의 어떤 장면에서도 다른 사람과 논쟁을 벌여 단 한 번도 져본 적이 없이 연전연승을 거둔 사람들이다. 부정한 스캔들을 일으킨 고급 관료들도 그런 교수의 제자이므로 당연히 자신의 잘못을 인정하지 않는다."
우리는 어떤가? 서울법대 출신들에게 이를 적용하면 그들은 어떤 반응을 보일까?

어느 여성 상사의 고백

초보운전자를 보면 어떤 생각을 하는가? 난 조심한다. 가능한 거리를 두고 달리려고 한다. 그가 어떤 행동을 할지 모르기 때문이다. 여성들끼리 있는 조직의 보스를 몇 번 코칭한 적이 있다. 여성들끼리 있는 게 쉽지 않다고 고백한다. 시기와 질투와 갈등이 장난 아니라는 것이다. 중간역할을 할 남성이 있으면 좋겠는데 오려고 하지도 않고, 와도 바로 나간다는 것이다. 여성 상사를 어려워하는 남성도 제법 많다. 여성 상사가 문제일까, 아니면 밑에서 일하는 남성이 문제일까? 참 판단하기 어려운 일이다. 이럴 때는 초보운전자 입장에서 사물을 보면 도움이 된다. 초보운전자는 다른 곳을 볼 여유가 없다. 내 차 운전하기 바쁘기 때문에 다른 차를 볼 수 없다. 서광원의 『사장의 길』에 관련한 흥미로운 대목이 있어 소개한다.

남자 직원들은 처음 고속도로에 나온 초보운전자의 차량을 힘 겨워하는 것처럼 여성 상사를 어떻게 모셔야 할지 쩔쩔맸다. 또 상사가 끌어주어야 승진도 할 수 있는데 앞길이 빤한 것이다. 여성 상사는 남성 부하를 자신을 위협하는 경쟁상대로 인식한다. 본능적인 경계심을 갖고 자기 지위를 방어하기 위해 남성 부하를 부정적으로 평가한다. 고속도로에 처음 나온 초보운전자가 다른 차에 과민하게 반응하는 것과 같다. 방어적으로 행동하려면 강해야 하고 강해 보여야 한다고 생각한다.

내가 문제일까, 주변 사람이 문제일까? 이와 관련해 왜 회사생활을 계속하지 않았느냐는 기자의 질문에 이외수 씨가 한 대답이 재미있다. "저는 괜찮은데 제 주변 사람들이 저를 견디지 못하더군요. 그래서 직장생활을 그만뒀습니다."

내가 그를 좋아하는 이유

가족과 함께 지내는 시간이 길어지면서 집안 분위기가 이상하다. 자기들끼리 키득대며 하는 소리가 들린다. 자꾸 "왜 그래, 아빠 같이" 그런다. 아내까지 가세해 아주 신났다. 여기서 아빠란 '아주 사소한 것에 삐치고, 한번 삐치면 회복하는 데 아주 오래 걸릴 뿐 아니라 뒤끝도 한없이 긴, 배 나오고, 머리가 듬성듬성한 오십 넘은 쓸쓸한 인간을 뜻하는 일반명사'다. 김정운 교수의 책의 한 대목이다.

보통 사람들은 자신을 객관적으로 보지 못한다. 남들은 그렇게 생각하지 않는데 스스로 꽤 괜찮은 사람이라고 착각을 한다. 그런 착각을 한다는 것은 그만큼 머리가 나쁘다는 것이다. 주제파악을 못한다는 반증이다. 그래서 재미없다. 김 교수는 다르다. 그는 자신을 객관적으로 볼 줄 안다. 자신과 남들이 보는 자신 사이에 갭이 적다. 실제 자신을 뚝 떨어져 볼 수 있다. 그래서 재미있다. 내가 그를 좋아하는 이유이기도 하다.

탈수증과 공부

오지 마라톤에서는 탈수증으로 죽을 위험이 높단다. 물이 옆에 있는데 물을 마시지 않아서 탈수증을 일으킨단다. 왜 이들은 물을 마시지 않을까? 목이 마르지 않기 때문이다. 사막에서는 땀이 나는 즉시 마른다. 그럼 목이 마르다는 자각을 하기 어렵다. 핵심은 미리미리 목마르기 전에 계속 물을 마시는 거다. 지식생태학자 유영만 교수에게 들은 이야기다.

공부도 그렇다. 대부분 사람들이 공부하지 않는 이유는 자신이 부족하다는 걸 깨닫지 못하기 때문이다. 그러다 어느 날 한 방에 훅 간 자신을 발견하는 것이다. 공부 역시 미리미리 해두어야 한다.

그들은 자신이 무얼 모르는지 모른다

어느 조직에나 저성과자가 있다. 이들의 공통점은 자신이 저성과자란 사실을 인지하지 못한다는 것이다. 오히려 자신이 없으면 조직이 무너질 것으로 생각하거나, 자신이 특별하다고까지 생각하는 것이다. 그렇기 때문에 이들을 구제하기 어렵다. 이들을 볼 때마다 학습의 네 단계가 연상된다. 제일 아래 단계는 They don't know what they don't know, 다음은 They know what they don't know, 그 다음은 They know what they know, 마지막 단계는 They don't know what they know이다. 가장 밑바닥은 자신이 알지 못한다는 사실을 알지 못하는 것이고 최고의 단계는 자신은 알지만 안다는 사실을 의식하지 못하는 것이다. 여러분은 어디에 해당하는가?

무지에는 두 종류가 있다. '무지하지만 자신의 무지를 알고 있는 것'과 '무지하지만 자신이 모른다는 사실조차 모르는 것'이 그것이다. 무지하지만 자신의 무지를 알면 희망이 있다. 발전이란 자신이 부족하다는 사실을 인지하는 순간 시작되기 때문이다. 이들은 늘 마음을 열고 모든 것에서 배우려 한다. 무지한데도 불구하고 그런 사실조차 모르면 구제불능이다. 이들은 스스로를 과대평가한다. 바보란 바로 그런 사람이다. 세상 모두가 그가 바보란 사실을 알고 있지만 정작 자신만 그 사실을 모르니 얼마나 웃기는 일인가? 조직의 저성과자들에게 그런 성향이 있다. 이들을 개선시키기 어려운 이유는 자신이 저성과자란 사실을 모르거나 이야기를 해 주어도 반발하기 때문이다. 오히려 고성과자들은 늘 자신이 부족하다고 생각해 더욱 노력을 한다. 그래서 알면 알수록 더 알려고 하고, 모를수록 아무 노력도 하지 않으면서 지식의 양극화 현상이 일어나는 것이다.

함부로 신을 찾지 마라

신을 만나고 싶은가? 자신이 하는 일에 지극정성을 다하면 된다. 최선을 다해 일하면 된다. 그럼 신이 보고 있다 손을 내민다. 지성이면 감천이란 말이 그 뜻이다. 현실은 어떠한가? 일은 대충 한다. 먹고 살기 위해 억지로 한다. 그리고 일요일마다 절이나 교회에서 간절히 신을 찾는다. 그럼 신이 무슨 말을 할까? "얘들아, 주소를 잘못 찾았다. 난 여기 있지 않고 네가 하는 일 속에 있다. 일을 제대로 한 후 나를 다시 찾아라."라고 할 것이다. 신은 성전에 있지 않다. 내가 생각하는 신은 저잣거리에 있다. 하는 일, 만나는 사람 안에 모두 신이 있다. 신은 성전에서 만나는 것이 아니다. 성전은 일주일 동안 잘한 일에 대해 보고하고 감사하는 자리이다. 출문여견대빈(出門如見大賓)이란 말이 있다. 문을 나서는 순간 만나는 모든 사람을 큰 손님으로 대하라는 말이다. 만나는 사람, 내가 하는 모든 일 안에 신이 있다고 생각하면 어떤 일이 일어날까? 모두 실험을 해보고 나중에 결과에 대해 이야기를 나눠보면 좋을 것 같다.

나를 의심하라

한국에는 신념에 찬 사람들로 차고 넘친다. 확성기를 크게 틀어 자기 주장을 남에게 강요하는 사람도 많다. 이걸 믿어라, 누구를 석방하라, 저 사람을 구속하라, 이 놈은 나쁜 놈이다, 이러면 안 된다, 저래야 한다 등등…. 하다 안 되면 길까지 막고 난리를 치는 사람들도 많다. 인터넷에서도 그런 사람들은 쉽게 찾아볼 수 있다. 난 그들을 볼 때마다 여러 생각이 든다. 어떻게 저렇게까지 자기 확신이 강할까? 저렇게 확신하는 근거는 무얼까? 반대편에 있는 사람들과 대화해 본 적은 있을까? 자기 생각이 틀릴 거라는 생각을 해 본적은 있을까? 저러다 자기 생각이 틀렸다는 걸 알게 되면 어떤 일이 일어날까?

난 신념에 찬 사람을 의심한다. 난 이들의 일상이 궁금하다. 최근 어떤 책을 읽었는지, 신문이나 잡지를 읽는지, 누구를 주로 만나는지, 술을 자주 마시는지, 담배는 피우는지, 운동은 하는지, 잠은 충분히 자는지, 가족들과 사이는 좋은지, 자기 삶에 만족은 하는지 등등….

"나는 신념에 가득 찬 사람보다 의심에 가득한 자를 신뢰한다." 소설가 김훈의 말이다. 난 신념에 찬 사람을 진심으로 의심한다. 내가 생각하는 신념은 무지의 결과물이다. 하나만을 알기 때문에 다른 모든 것을 부정하는 것이 신념이고 확신이다. 나이가 들수록 확신할 수 있는 게 아무 것도 없다. 무엇보다 이런 내 생각이 가장 의심스럽다. 난 나를 의심한다.

하로동선(夏爐冬扇)

요즘 정치인들은 누가 누가 돈을 더 잘 쓰나 경연대회를 하는 걸로 보인다. 세상에 자기 돈이면 저렇게 물 쓰듯 쓸까? 저 사람들은 자기 힘으로 돈을 벌어본 적이 있을까? 돈 벌기가 힘든 걸 알면 절대 저렇게 돈을 쓰지는 못할 것이다.

난 저런 무책임한 정치인에게 자기 사업의 기회를 주는 걸 제안한다. 자기 돈을 투자해 직접 식당이나 카페를 운영하게 하는 것이다. 업종과 투자규모는 알아서 하는 것이다. 최소 1년, 최대 3년 정도 기간을 정해서 결과를 보고 국회의원에 나가게 하는 것이다. 망하거나 적자를 본 사람은 절대 국회의원에 나가지 못하게 하는 것이다. 그럼 어떤 일이 벌어질까? 현직 국회의원 중 출마자격을 획득한 사람이 얼마나 될까? 난 10명 중 한 명쯤 자격을 얻을 걸로 예상한다. 대부분 석 달 안에 망할 것이라는 데 한 표를 던진다.

전직 국회의원 출신들이 하로동선(夏爐冬扇)이란 식당을 만들어 운영했던 적이 있다. 여름 난로, 겨울 부채란 뜻이니까 필요 없는 물건을 의미한다. 물론 그 식당은 망한 걸로 알고 있다. 정치하듯 식당을 하면 틀림없이 망한다. 반대로 식당하듯 정치를 하면 흥한다. 아니 흥할 수밖에 없다.

늘 죽음을 생각하라

내 인생의 주인은 누구일까? 흔히 내 인생의 주인은 나라고 착각한다. 그렇지 않다. 내 인생의 주인은 죽음이다. 우리는 잠시 지구에 와서 지구를 빌려 쓰는 세입자에 불과하다. 죽음으로부터 시간을 빌려 쓰고 있는 것이다. 세입자는 주인이 나가라고 하면 나가야 한다. 우리 역시 주인인 죽음이 부르면 가야 한다. 하지만 대부분 이를 인지하지 못한다. 마치 자신이 주인인 양 떵떵거리며 시간을 낭비하고 있다.

세입자가 오랫동안 편하게 살려면 집주인과의 관계가 좋아야 한다. 집도 곱게 써야 하고 월세도 꼬박꼬박 내야하고 무엇보다 자신이 세입자란 사실을 인지해야 한다. 반대로 집주인에게 찍히거나 자신이 세입자란 사실을 까먹으면 사는 게 고달프다. 무엇보다 죽음이 부르면 군소리 없이 떠날 준비를 해야 한다. 죽음이 부르는데 따지고 앙탈부리는 건 추한 일이다. 이 이야기를 듣고 죽음인 내 집주인에게 고마운 생각이 들었다. 60년 넘게 방 빼란 말을 하지 않으니 말이다. 동시에 언제쯤 집주인이 방을 빼라고 할까? 그때 난 집주인에게 뭐라고 말하면서 방을 뺄까?

당신이 문제일 수 있다

온갖 것이 마음에 안 드는가? 마음에 들지 않는 사람들로 넘쳐나는가? 마음에 드는 사람이 있기는 있는가? 그러는 당신은 마음에 드는가? 당신에게만 불행한 사건이 일어나고 다른 사람들에게는 행복한 사건만 일어나는 것 같은가? 늘 상처만 받으면서 살아왔다고 생각하는가? 도대체 뭐가 문제인가? 세상이 어떻게 변해야 당신 맘이 흡족한가? 언제쯤 행복해질 것 같은가? 그런 날이 오기는 올 것 같은가? 맨날 인상 쓰고 불평만 하는 당신에 대해 사람들은 어떻게 생각하는가? 지적이고 뭔가 나라를 구한 영웅으로 생각하는가? 아니면 당신 눈치를 보면서 슬슬 피하고 있지는 않는가? 혹시 당신이 문제란 생각은 해보지 않았는가? 세상은 절대 변하지 않는다. 세상에서 가장 보기 싫은 사람은 분노에 가득차 입만 열면 불평하는 사람이다. 자기 일은 제대로 하지 않으면서 눈이 늘 남을 향하는 사람이다. 불평한다고 세상은 바뀌지 않는다. 몸만 상할 뿐이다.

변화의 핵심은 순서이다. 내가 먼저 바뀌어야 주변이 바뀐다. 내가 먼저 바뀐다는 건 세상 보는 눈이 바뀌는 걸 의미한다. 그리스 철학자 에픽테토스는 이런 말을 했다. "세상에서 내가 할 수 있는 일은 거의 없다. 오직 하나뿐이다. 일어난 일에 대해 내가 어떻게 생각하고 받아들이고 해석하는지 그것만 할 수 있다."

세상을 보는 당신 눈을 바꾸도록 하라. 그럼 세상도 바뀔 것이다.

섭섭해 하지 마라

자주 서운한가? 늘 섭섭한 마음이 드는가? 왜 그렇다고 생각하는가? 잘해줬는데 그만한 보답이 없어 섭섭한가? 그럼 대가를 바라고 잘해줬는가? 그러는 당신은 누구 덕분에 여기까지 왔는가? 혼자 힘으로, 아무 도움 없이 왔다고 생각하는가? 당신에게 베푼 사람에게 당신은 어떻게 했는가?

섭섭한 이유는 교만 때문이다. 자신을 대단한 존재로 느끼고 떠받들어야 하는데 그렇지 않으면 섭섭한 마음이 생기는 것이다. 상석으로 모시고, 스피치할 기회를 주고, 굽실거려야 하는데 그렇지 않은 것이다. 세상이 자기를 중심으로 돌아가야 한다고 생각하는 사람들이 자주 느끼는 감정이다. 미성숙하다는 증거이다. 섭섭한 마음을 없애는 방법은 그 마음을 감사의 마음으로 채우는 것이다. 현재 상태에 감사한 마음을 갖는 것이다.

8장

물 흐르듯 살아라

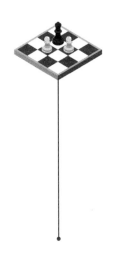

물 흐르듯 살아라

물 흐르듯 살라는 말을 많이 한다. 그게 무슨 뜻일까?
난 에너지 흐름을 최소화하라는 것으로 이해하고 해석한
다. 쓸데없는 곳에 에너지를 쓰지 말고 저절로 돌아가게
끔 하라는 것이다. 사람은 모두 다르다는 걸 이해하고 받
아들이는 것, 내 맘대로 사람을 바꾸려고 하거나 강요하
지 않는 것, 세상의 변화를 잘 받아들이는 것, 내 주장보
다는 상대 이야기를 가능한 들으려 하는 것, 내 확신을 늘
의심하고 상대를 믿어주는 것, 상대를 존중해 주는 것, 내
가 없어도 잘 돌아가는 조직을 만드는 것, 잔소리 대신 내

가 하는 행동을 보고 자식들이 배우게 하는 것, 건건이 지적하는 대신 대세에 지장이 없으면 웬만하면 예스하는 것 등이 그것이다.

생긴 대로 살아라

자연은 언제나 있는 그대로의 모습을 보여준다. 자연은 꾸미지 않는다. 있는 것을 없는체, 없는 것을 있는체, 추한 것을 아름답게 치장하거나 위장하지 않고 있는 그대로의 모습을 보여준다. 때가 되면 싹이 트고 잎이 자라고 꽃이 핀다. 굳이 자기 존재를 드러내려고 없는 향기를 풍기지 않으며 색깔을 화려하게 바꾸지도 않는다. 자연이 위대한 것은 바로 그 점이다. 콩 심은 데 콩 나고 팥 심은 데 팥 난다. 뿌린 대로 거둔다. 뿌리지 않고는 거둘 수 없다. 좋은 나무가 나쁜 열매를 맺을 수 없고 나쁜 나무가 좋은 열매를 맺을 수는 없다.

좋은 사람이 되고 싶은가? 좋은 사람과 일을 하고 싶은가? 최선은 당신이 좋은 사람이 되면 된다. 그럼 좋은 사람이 모인다. 그런데 대부분 사람들은 좋은 사람이 되는 대신 좋은 사람 코스프레를 한다. 좋은 사람 코스프레 한 사람을 좋은 사람으로 착각한다. 그래서 뒤통수를 맞았다는 사람이 그렇게 많은가 보다.

우리가 보지 못하는 것

부자가 되려면 돈이 있는 곳으로 가면 된다. 결혼을 하려면 여자는 남자들이 있는 곳으로, 남자는 여자들이 있는 곳으로 가면 된다. 지혜를 얻으려면 지혜로운 사람들과 사귀면 된다. 현실은 어떤가? 일류가 되겠다면서 삼류랑 논다. 고수는 똑같은 사물을 보면서 남들이 보지 못하는 것을 보는 사람이다. 지혜는 남들이 보지 못하는 것을 보는 사람이다. 일중견두(日中見斗)이다. 대낮에 북두칠성을 볼 수 있어야 한다는 말이다. 대낮에는 별이 없을까? 그렇지 않다. 별은 존재하지만 우리 눈에 보이지 않을 뿐이다. 세상만사가 그러하다. 진짜 중요한 것은 눈에 보이지 않는다. 지혜로운 자는 보이지 않는 것을 볼 수 있어야 한다.

어린 왕자는 이렇게 말했다. "집이건, 별이건, 사막이건, 그것들을 아름답게 하는 건 눈에 보이지 않는 법"이라고. 혹시 난 지금 무얼 보지 못하는 것일까?

왜 사냐고 묻는 사람에게

가끔 "왜 사세요? 사는 목적이 뭡니까?"란 질문을 받는다. 종교에서 자주 묻는 질문이다. 난 이런 질문을 받을 때마다 불편했다. 스스로에게 '내가 왜 살지? 잘 모르겠는데 그럼 죽으란 말인가?'란 생각도 했다. 그런데 곰곰히 생각하니 잘못된 질문이다. '왜'란 말은 내가 의도적으로 어떤 행동을 할 때 던질 수 있는 질문이다. 공부를 할 때, 사업을 벌일 때, 직업을 바꿀 때 등등…. 그런 경우는 대개 안 할 수 있는 옵션이 있다. 공부는 안 해도 된다. 사업 역시 안 할 수 있다. 예전 직업을 그냥 유지해도 된다. 하지만 사는 건 아니다. 살지 않을 수는 없다. 이는 잘못된 질문이다. 그런 내게 니체의 말은 큰 깨달음을 주었다. 그는 이렇게 말했다. "아이들은 열심히 뛰어 논다. 그들

은 왜 노는지 묻지 않는다. 그저 재미있으니까 노는 것이
다. 왜 사느냐는 질문은 잘못된 질문이다. 삶이 재미없어
질 때 던지는 질문이다." 그런 질문 따위는 던질 필요가 없
다. 그저 주어진 하루하루의 삶을 즐기면 그뿐이다. 왜 사
냐고 물으면 그냥 씨익 웃는 수밖에.

음양의 이로움

사람들은 무병무탈을 기원한다. 삶에 아무 어려움도 없
고 위기도 없고 그저 일 년 365일 평안하길 기원한다. 하
지만 실제 그렇게 된다면 삶은 어떨까? 재미없고 무료할
것이다. 기억날만한 일도 없을 것이다. 삶이 재미있는 것
은 뜻하지 않은 여러 일들이 일어나기 때문이다. 변화무
쌍하기 때문이다. 다사다난하기 때문이다.

북유럽 사람들은 화창한 날에 구름처럼 쏟아져 나와 일
광욕을 즐긴다. 겨울이 길고 흐린 날이 많은 이들에게 태
양이란 존재가 그렇게 귀하고 귀하기 때문이다. 일년 사
시사철 태양이 내리쬐는 나라에 사는 사람들은 태양의 즐

거움을 알지 못한다. 추위를 알아야 따스함을 즐길 수 있다. 어둠이 있어야 빛의 고마움을 느낄 수 있다. 슬픔을 알아야 기쁨을 경험할 수 있다. 몸이 아파야 건강의 소중함을 느낄 수 있다. 가난을 경험해야 부의 고마움을 느낄 수 있다. 그게 음양의 이로움이다.

70년대 〈아차부인, 재치부인〉이란 라디오 프로가 있었다. 여기 주제곡은 이렇다. '세상을 살다 보면 이런 일, 저런 일, 궂은 날, 갠 날, 그렇지만 우리는 구김 없이 살아가는….' 오늘 우리가 기억할 말이다.

좋아하면 계속할 수 있다

계속 달린다는 것은 의지의 강약과는 별 상관이 없다. 결국 달리는 일이 성격에 맞기 때문이다. 그다지 고통스럽지 않기 때문이다. 인간이란 존재는 좋아하는 것은 계속 할 수 있고, 좋아하지 않는 것은 계속할 수 없다. 아무리 의지가 강해도, 아무리 지는 것을 싫어해도, 마음에 들지 않는 일을 오래 계속할 수는 없다. 나는 달리기를 누군가에게 한 번도 권한 적이 없다. 마라톤은 만인을 위한 스포츠는 아니다. 소설가가 만인을 위한 직업이 아닌 것과 같다. 무라카미 하루키의 말이다. 역시 소설가다운 이야기다. 잘 산다는 것은 자신이 어떤 사람인지 알고, 무엇을 좋아하는지 깨닫고, 일상에서 이를 실천하는 것이다. 지극히 자연스런 일이다. 이것의 반대는 의지에 의지하는 것이다. 하고 싶지는 않지만 먹고 살기 위해, 남의 눈치 때문에 억지로 하는 것이다. 그런 삶은 피곤하다. 자신도 망가지고 주변 사람도 피곤해진다. 당신은 무얼 좋아하는가?

감사를 강요하지 마라

조카들에게 주기적으로 용돈도 주고 선물도 준다. 그럴 때 꼭 주변에 감사를 강요하는 사람들이 있다. "얼른 고맙다는 얘길 해라. 세상에 저런 삼촌이 어디 있니?"라며 감사를 강요한다. 아이들이 미처 말하기도 전에 잽싸게 그런 이야기를 하면서 초를 친다. 감사하단 말을 하려던 아이들도 머뭇거리게 되고, 뭔가를 준 나도 머쓱해진다. 정말 누구에게도 도움이 안 되는 코멘트이다. 난 그럴 때마다 다음 말을 해 주고 싶은 충동을 느낀다.

"세상에는 세 가지 일이 있다. 내가 할 일, 그가 할 일, 하늘이 할 일이 그것이다. 헷갈리면 안 된다. 그가 할 일을 내가 한다든지, 내가 할 일을 그가 한다든지, 하늘이 할 일을 우리가 한다든지 등등. 그걸 구분하는 것이 지혜이다."

뭔가를 주는 일은 내가 할 일이다. 거기에 대해 감사를 표시하는 것은 조카가 할 일이다. 나중에 그걸 갚든지 갚지 않든지 하는 것은 하늘이 할 일이다. 그 자리가 어색해진 건 가만히 있어야 할 사람이 쓸데없이 끼어들었기 때문이다.

우는 아이 내버려 두기

티베트에서는 아이기 태어나면 바구니에 넣어둔다. 아이가 울기 전까지는 아무것도 주지 않고 방치해둔다. 아기가 울기 시작하면 살아갈 마음이 있다고 생각한다. 탄생을 인정하는 것이다. 아기가 아무리 울어도 함부로 젖을 주지 않는다. 젖을 주는 것은 엄마 마음대로다. 어느 정도 울다 지치면 그때 아기에게 젖을 물린다. 아기는 무아지경에서 전부 빨아먹는다. 이렇게 하는 이유는 티베트에는 공기가 희박하기 때문이다. 이런 곳에서 생존하려면 폐가 발달해야 하는데 방법 중 하나가 울게 하는 것이다. 참으로 지혜로운 사람들이다.

밥을 안 먹으려는 애를 쫓아다니며 떠먹이는 엄마는 이와는 반대의 사례이다. 한 끼 굶는다고 절대 죽지 않는다. 먹지 않으려는 애한테는 냉정하게 밥을 주지 말아야 한다. 스스로 배고픔이 어떤지 느끼게 해야 한다. 아이로 하여금 생각할 시간을 주어야 한다. 제발 아이들을 내버려 두어라. 그래야 애도 크고 어른도 큰다.

우생마사(牛生馬死)

'물에 빠졌을 때 소는 살고 말은 죽는다'는 말이다. 둘 중 누가 수영을 잘할까? 소는 못하고 말은 수영을 잘한다고 한다. 이상하지 않은가? 왜 수영 못하는 소는 살아남고, 수영을 잘하는 말은 죽을까? 역설도 이런 역설은 없다. 수영을 못하는 소는 물에 빠지면 저항하지 않는다. 그저 물의 흐름에 자신을 맡길 뿐이다. 그러다 사람들 눈에 띄면 살아나는 것이다. 수영을 할 줄 아는 말은 다르다. 어떻게 해서라도 이 상황을 극복하려 한다. 발버둥을 치면서 물을 탈출하려고 한다. 그러다 힘이 빠져 죽는 것이다.

인생에는 정답이 없지만 때로는 발버둥 치는 것보다 대세를 따르는 게 맞을 수도 있다는 걸 우생마사를 통해 배운다.

골프는 골프일 뿐이다

2021년 메이저대회인 위민스 PGA 챔피언십에서 우승한 넬리 코르다의 이야기다. 세계 1위에 올라 두 대회 연속 우승을 거뒀지만, 그 직전까지 상심에 빠져 있었다. 선수들이 가장 우승하고 싶어 하는 US여자오픈에서 2년 연속 컷 탈락했기 때문이다. 그녀는 주의력 결핍 과잉행동 장애(ADHD), 대인기피, 불안장애 등을 겪어왔다. 그러다 버바 왓슨의 인터뷰를 보는데 그가 이런 말을 한다. "전 골프를 너무 사랑하기 때문에 실수하면 나에게 화가 치솟지만, 사실 아무 의미가 없다. 좋은 남편, 아버지, 친구가 되는 것이 가장 중요하다. 너무 열심히 노력하는 게 나의 문제다. 자유롭게 스윙하고 싶다."

또 다른 골퍼인 울프는 두 달간 쉬면서 정신 건강 회복에 집중하다 복귀했다. "팬들은 좋은 샷을 기억해주지만, 난 부담감과 기대에 짓눌려 부족한 점만 찾는다. 샷을 잘 못하면 세상 끝날 것 같은 공포에 사로잡힌다. 매일 아침 침대를 벗어나기가 어렵다. 즐겁고 편안하게 경기하는 것만이 요즘 목표다." 이 이야기를 듣고 코르다는 새롭게 깨닫는다. '맞아, 골프는 그냥 골프일 뿐이야. 난 골프를 너무 사랑하고 너무 심각하게 생각했어' 한 걸음 물러서니 새롭게 보였다. 코르다는 조금만 잘못해도 자신에 대한 분노에 휩싸였다. 하지만 동료들 말을 들으면서 골프가 나 자신은 아니며, 골프는 골프 이상도 이하도 아니란 걸 깨달았다. 그 사실을 받아들이며 경기한 결과 LPGA 투어 연속 우승에 첫 메이저 우승까지 거머쥐었다. 골프는 골프일 뿐이다.

난 이를 일에도 적용하고 싶다. 일은 일 뿐이다. 그 이상도 그 이하도 아니다.

Be Yourself

GE 회장을 했던 잭 웰치는 직설적이고 마음에 있는 말을 담아두지 못해 주위에 적이 많았다. 회장 후보가 되자 걱정이 된 그는 멘토를 찾아가 이런 성격 때문에 고민이란 이야기를 했다. 그때 멘토가 한 말이 바로 "Be Yourself"이다. 생긴 대로 살라는 것이다. 다른 사람으로 살지 말고 자신의 성격대로 살라고 조언했다. 잘 사는 최고의 방법은 자기가 어떤 사람인지를 잘 따져보고 거기에 맞게 사는 것이다. 우리말로는 부부자자군군신신(父父子子君君臣臣)이다. 아버지는 아버지답게, 자식은 자식답게, 군주는 군주답게, 신하는 신하답게 살라는 말이다. 그게 잘 사는 방법이다. 나는 나일 뿐이다. 그 사람이 멋있다고 내가 그 사람처럼 할 수 있는 건 아니다.

남들도 하면 나도 해야 하나

사람들은 봄 구경, 가을 단풍놀이를 좋아하지만 난 거의 가 본 적이 없고 앞으로도 갈 계획이 없다. 사람 많고 길 막히는 걸 병적으로 싫어하기 때문이다. 거의 모든 국민들이 갔던 대전 엑스포, 여수 엑스포도 가지 않았다. 난 그렇게까지 하면서 구경을 하고 싶지 않았다. 그만한 가치가 없었다. 구경을 좋아하시는 어머님은 그런 나를 못마땅하게 생각하셨다. 늘 나를 유난스러운 사람으로 생각하셨다. 남들도 다 그러면서 다닌다고 제발 주말에 어디좀 놀러 가라고 종용하셨다. 대놓고 얘긴 하지 않았지만 난 속으로 이렇게 생각했다. '남들도 가면 나도 가야 하나요? 그런 구경이 그렇게 의미가 있나요? 전 집에서 조용히 있는 게 더 좋아요'

사람은 모두 다르다. 평균으로 사람을 평가할 수는 없다. 남들이 좋아한다고 나까지 좋아하라는 법은 없다. 나는 나 일 뿐이다. 나 역시 다른 사람에게 내가 좋아하는 걸 강요하고 싶지 않다. 난 강요받는 게 싫다. 남에게 무언가를 강요하고 싶지도 않다. 강요로 사람을 움직일 수는 없다. 강요가 커질수록 반발도 커진다. 난 평균을 거부한다.

9장

일을 하라

일을 지켜라

스웨덴 출신 신학자 스베덴보리는 영적 체험으로 천국 관련 책을 많이 썼다. 그가 생각하는 천국의 모습 중 하나는 '자신의 천성을 알고 천성에 맞는 일을 하는 곳'이다.

천국에서는 그냥 아무것도 하지 않고 노는 게 아니라 좋아하는 일을 각자 한다는 것인데 난 그 주장에 적극 동의한다. 일은 축복이다. 일을 할 수 있다는 것 자체가 영광이고 가장 좋은 운동이다. 일이 귀찮다는 생각을 한다면 그 사람 인생도 가정도 조직도 망가진다. 행복을 위해서는 일을 해야 한다. 일을 하지 않고 행복해질 수 있는 방법은 없다. 일이 즐거우면 인생은 낙원이지만 일이 의무면 인생은 지옥이 된다. 일을 손에서 놓으면 안 된다. 힘이 든다고 쉽게 일을 그만두면 안 된다. 젊어서부터 일을 지켜야 한다. 그래야 나이 들어 일이 우리를 지켜준다.

천국과 지옥

일을 지겨워하던 사람이 있었다. 정말 일이 싫었다. 그러다 죽어 하늘나라에 갔다. 그런데 이게 웬일인가? 천국에 온 것이다. 경치 좋고, 먹을 게 지천이다. 사방에 미녀들이 있고 원할 때 마음껏 골프도 칠 수 있다. 밤마다 미녀들과 술을 마신다. 늦게까지 잠을 자도 상관없다. 얼마 후 책임자가 나타나 한 마디 한다. "여기선 원하는 건 뭐든지 할 수 있습니다. 단, 일은 하면 안 됩니다."라고 주의를 준다. 너무 좋았다. 일 년 이상을 실컷 놀았다. 그런데 뭔가 허전하다. 조금 일을 하면 좋겠다는 생각이 들었다. 그래서 책임자에게 "다 좋은데 일거리 좀 달라."고 했지만 책임자는 단호하게 거절한다. 화가 난 이 사람이 "그럼 저를 차라리 지옥으로 보내주세요."라고 하자 책임자는 이렇게 말한다. "여보세요. 여기가 어딘 줄 아시나요? 여기가 바로 지옥입니다."
일이 없는 곳은 천국이 아닌 지옥인 것이다.

사랑이 그대를 부르거든

사랑이 그대를 부르거든 말없이 따르라

비록 그 길이 힘들고 험난할지라도

사랑의 날개가 그대를 감싸 안거든

말없이 온몸을 내맡겨라

비록 그 날개 안에 숨은 칼이 그대에게 상처를 입힐지라도

칼릴 지브란의 시《사랑이 그대를 부르거든》의 일부다. 사랑만 그런 것은 아니다. 일도 그렇다. 하고 싶은 일을 하면서 사는 건 최고의 축복이다. 이를 위해서는 하기 싫은 일을 해 보아야 한다. 자신을 알기 위해서는 내가 어떤 일을 좋아하는지를 관찰해야 한다. 가장 중요한 건 도전이다. 많은 사람들이 자기가 좋아하는 일은 알고 있지만

용기를 내지 못한다. 실패할지 모른다는 두려움 때문이다. 후회에는 두 가지가 있다. 해 본 일에 대한 후회와 해보지 않은 일에 대한 후회가 그것이다. 같은 후회지만 성격이 다르다. 해 본 일에 대한 후회는 오래 가지 않는다. 안 해 본 것에 대한 후회는 오래 간다. 사랑이건 일이건 그것이 왔을 때 용기를 내야 한다.

일을 해야 일을 배운다

무슨 일이든 시작할 때 가장 먼저 해야 할 게 있다. 시작 질문을 준비하는 것이다. 왜 이 일을 하려고 하는가에 대한 질문도 그 중 하나이다. 신입사원 교육에서 난 늘 다음 질문을 한다. "왜 취직을 했나요? 여기서 무얼 얻고 싶은가요? 급여 외에 다른 목적이 있나요?" 취직의 중요한 목적 중 하나는 일을 배우는 것이다. 일은 일을 통하지 않고는 배울 방법이 없다. 대부분 사람들은 안정을 위해 취직을 한다고 말한다. 난 고개를 갸우뚱한다. 안정이란 있는 것 같지만 실은 존재하지 않는 것이다. 세상이 변하고 조

직이 변해 큰 조직도 언제 망할지 모르는데 그 안에 들어
가는 것과 안정과 관련이 있는 것일까?

본인은 안정이라고 생각하지만 사실은 안정적이지 않
다. 가장 안전하게 사는 방법은 열심히 일하는 방법을 배
워 이를 몸과 머릿속에 잘 집어넣는 것이다. 지식과 전문
성으로 무장하는 것이다. 머릿속에 지혜가 있으면 어딜
가건 먹고 살 수 있다. 아는 것이 없고 전문성이 없다면,
그 조직이 무너지면 개인도 따라 무너진다.

신성한 일

아침마다 출근해서 하루 종일 일하고 저녁에는 퇴근하
고 주말에는 퍼져있고 월요일은 또 다시 출근하고…. 정
말 답답하고 힘든 삶이다. 그래서 어떤 철학자는 그런 직
장인을 아침마다 밭 갈러 가는 소에 비유한다. 소 생활을
청산하라는 것이다. 난 본능적으로 거부감을 느낀다. 그
사람의 비뚤어진 철학은 평생 글 쓴 것 외에는 제대로 된
일해본 적이 없기 때문이라고 생각한다. 말은 그럴 듯하

지만 만약 그 사람 말대로 산다면 인생 종 칠 가능성이 높다. 소 같은 생활을 청산하기 위해서는 자기가 하는 일의 의미를 발견해야 한다. 이는 철저히 자신의 몫이다. 내가 생각하는 '일 하는 이유'의 넘버원은 일을 해야 일을 배울 수 있기 때문이다. 일을 통해 사람을 알 수 있고 인생을 배울 수 있기 때문이다. 만약 당신 집에 돈이 있으면 자식을 평생 놀게 할 것인가? 아니면 일을 시킬 것인가? 놀게 할 사람은 없을 것이다. 일은 그 자체로 신성하다.

밥벌이의 의미

좋아하는 일과 잘하는 일을 축으로 네 가지 상황을 생각할 수 있다. 좋아하면서 잘하기까지 하면 베스트다. 더 이상바랄 게 없다. 그걸 직업으로 할 수 있으면 많은 걸 얻을 수 있다. 좋아하지도 잘하지도 못하면 그런 일은 하지 않으면된다. 심플하다. 문제는 좋아하지만 잘하지 못할 때이다.

가수 이승철과 밴드를 같이 하다 지금은 평범한 직장인이 된 분이 있다. 그분은 가수 이승철과 같이 활동을 하면서 뛰어넘을 수 없는 벽을 느꼈고, 음악이란 좋아하는 것만으론 충분치 않다는 것을 알게 되었다고 한다. 그런 사람이 의외로 많다.

마지막은 좋아하지는 않지만 잘하는 일이다. 사실 직장 생활이란 걸 좋아하는 건 현실적으로 쉽지 않다. 그렇지만 평범한 우리들이 가장 잘 할 수 있는 일이다. 무엇보다 밥벌이 그 자체만으로도 큰 의미가 있다.

자기 힘으로 밥벌이를 한다는 것은 신성한 일이다. 남에게 손을 내밀지 않고 독립적으로 살 수 있다는 것은 자체로 대단한 일이다.

좋아하는 일을 잘한다면?

좋아하는 일을 해야 한다고 말을 많이 한다. 여기에는 조심할 것이 몇 가지 있다. 첫째, 좋아하는 일을 발견하는 것이 쉽지 않다는 것이다. 대부분의 사람들은 평생 자신이 뭘 좋아하는지 모르는 상태에서 생을 마감한다. 둘째, 좋아하는 일을 발견하기 위해서는 싫은 일을 포함해 다양한 일에 도전해 봐야 한다. 운이 좋으면 20대에도 발견할 수 있지만 어떤 사람은 60이 넘어야 발견할 수 있고 어떤 사람은 평생 발견하지 못하고 죽는다. 셋째, 좋아하는 일이 실제 자신이 좋아하는 일이 아닐 수 있다. 다른 사람들이 좋다고 하니까 좋아하는 걸로 착각할 수도 있고, 실제 하는 일의 속성을 모르기 때문에 오해할 수도 있다. 그렇기 때문에 좋아한다고 판단되는 일이 있으면 실제 그 일을 해봐야 한다. 넷째, 좋아하는 일과 잘하는 일이 매우 다를 수도 있다. 음악 같은 것이 대표적이다. 듣는 걸 좋아하는 것과 실제 음악으로 밥을 먹는 것은 완전 다른 문제다.

만약 젊은 나이에 좋아하는 일을 발견하고 그 일에 재능까지 있다면 분명 당신은 전생에 나라를 구한 사람이다.

노는 것과 놀아주는 것

하는 일에 따라 시간에 대한 느낌이 다르다. 골프는 대충 다섯 시간을 친다. 밥 먹는 시간까지 합하면 일곱 시간은 되는 것 같다. 그래도 늘 아쉽다는 생각을 한다. 어떤 친구는 9홀을 더 돌기도 한다. 남자들에게 애를 데리고 놀라고 하면 30분도 견디지 못하고 힘들어 한다. 왜 그럴까? 우선 내 일이 아니라고 생각하기 때문이다. 아내가 할 일을 내가 도와준다고 생각하기 때문이다. 또 다른 하나는 놀아준다고 생각하기 때문이다. 내가 주도적으로 노는 것과 놀아주는 것은 다르다. 집안일도 그렇다. 나를 포함한 대부분의 남성은 집안일을 자기 일로 생각하지 않는다. 아내를 돕기 위해 필요한 일로 인식한다. 회사 일이 힘든 이유 중 하나는 그 일을 내 일로 생각하지 않기 때문이다. 당연히 한 발 뺀 것처럼 일하게 된다.

일을 즐기는 방법은 간단하다. 그 일을 내 일이라 생각하면 된다. 그럼 일의 주인이 되고 결국 회사의 주인이 된다. "일을 배우는 최선의 방법은 회사의 오너가 되는 것이다." 워렌 버핏의 말이다.

세 종류의 직업

세상에는 세 종류의 직업이 있다. 인베스터, 크리에이

터, 워커가 그것이다. 마케팅 전문가 조수용의 주장이다. 투자를 통해 돈을 버는 사람, 뭔가를 창조하는 직업, 그냥 일을 하는 사람이 있다는 것이다.

난 어떤 사람일까? 앞으로 어떤 사람이 되어야 할까? 누구나 투자가 혹은 창조가를 꿈꿀 것이다. 편해 보이고 돈도 잘 벌 것 같아서이다. 어떻게 하면 그런 직업을 가질 수 있을까?

누구나 처음에는 워커로 시작한다. 워커의 과정 없이 나머지 두 직업을 할 수는 없다. 단순히 일만 해서는 안 된다. 의문을 품고 질문을 하고 스스로 답을 찾으면서 일을 해야 한다. 더 잘할 수는 없을까? 왜 이런 방식으로 할까? 내가 일의 책임자라면 일을 어떻게 할까? 이런 과정을 없애면 안될까? 다른 사람들은 어떻게 하지? 과연 내가 만든 결과물을 고객들이 좋아할까? 지금의 난 어떨까? 워커와 크리에이터를 반씩 하는 것 같다. 인베스터도 조금은 한다. 앞으로는 어떻게 하고 싶은가? 워커를 안 할 수는 없다. 워커를 해야 현실감을 유지할 수 있고, 고객과의 끈도 지속할 수 있고, 무엇보다 리듬감을 잃지 않는다. 난 세 가지 일을 골고루 하고 싶다.

내일(tomorrow)이 있어야 내 일(my job)도 있다

요즘 은행은 예전과 달리 스트레스가 심하다. 목표달성을 하지 못하면 하루아침에 목이 날아갈 수 있다. 천 명이 넘는 지점장 중 일등을 해서 본부장이 된 사람이 일년도 안 되어 실적이 나쁘다는 이유로 해고됐다는 이야기를 들은 적도 있다. 지점장과 수십 명의 지점장을 거느린 본부장은 역할이 다르기 때문에 적응기간이 필요하다. 그런데 그 1년을 기다려주지 않고 실적이 나쁘다는 단 하나의 이유로 잘랐다는 것은 어떤 의미일까? 그게 직원들에게 주는 영향은 어떨까? 만약 내가 그 은행 직원이라면 무슨 생각을 하면서 은행을 다닐까? 그들은 스스로 일 년짜리 인생이라고 말한다. 과연 그런 팀이 제대로 된 일을 할 수 있을까? 난 부정적이다.

생산성 높은 팀을 만들기 위해 가장 중요한 건 바로 심리적 안전감이다. 직장에서 안전하다는 생각을 할 수 있어야 한다. 서로 상처받지 않고 자연스럽게 행동할 수 있고, 두려워하지 않고 기꺼이 위험을 감수할 수 있어야 한다. 내일을 알 수 없으면 내 일에 전념할 수 없는 게 인간이다.

쉬운 일은 없다

스물여섯 살의 그녀는 다리를 다치는 바람에 5년 동안 다니던 신문사를 그만 두어야 했다. 딱히 할 일도 없고 해서 소설을 쓰기 시작했다. 처음에는 취미로 쓰기 시작했지만 점점 심혈을 기울여 10년이나 걸려 1,037쪽이나 되는 소설을 완성했다. 그녀는 두툼한 원고뭉치를 들고 출판사를 찾아 다녔지만 무명작가의 소설을 받아줄 출판사는 없었다. 그렇게 7년의 세월이 흘렀고 그녀의 원고는 너덜너덜 닳아 버렸다.

그러던 어느 날 미국 조지아 주 애틀랜타의 한 지방신문에 '뉴욕에서 제일 큰 출판사 사장이 애틀랜타에 왔다가 기차로 되돌아간다'는 짤막한 기사가 났다. 그녀는 그 기사를 보자마자 원고를 들고 기차역으로 달려갔다. 그녀가 기차역에 도착했을 때 맥밀란 출판사의 레이슨 사장이 막 기차에 올라타려던 중이었다. 그녀는 큰 소리로 그를 불러 세웠다. "사장님, 제가 쓴 소설입니다. 꼭 한 번 읽어주세요." 그는 마지못해 원고뭉치를 들고 기차에 올랐다. 그러나 원고 뭉치를 선반 위에 올려놓고는 거들떠보지도 않았다. 그러는 동안 그녀는 재빨리 기차역을 빠져나가 우체국으로 달려갔다. 얼마 후 기차 차장이 그에게 전보 한 통을 내밀었다. 그 전보에는 이렇게 쓰여 있었다. '한 번만 읽어주세요' 그러나 그는 원고뭉치를 한 번 흘깃 쳐다볼 뿐 더 이상 관심을 두지 않았다. 얼마 후 똑같은 내용의 전보가 또 배달됐다. 그래도 관심이 없었다. 세 번째 전보가 배달됐다. 그때서야 그녀의 끈질김에 혀를 내두르며 원고 뭉치를 집어 들었다. 기차가 목적지에 도착해 승객들이 짐을 챙기는 동안에도 그는 원고에 푹 빠져 있었다. 그렇게 해서 출간된 소설이 바로 27개국어로 번역돼 1,600만 부가 판매된『바람과 함께 사라지다』이다.

세상에 쉬운 일은 없다. 쉽게 되는 일은 존재하지 않는다. 커피숍을 내자마자 사람들이 구름처럼 몰리는 일은 절대 일어나지 않는다. 글을 쓰자마자 책으로 내주겠다는 출판사가 경쟁하는 일도 벌어지지 않는다. 요즘 시대 가장 귀한 자원은 관심이다. 그렇기 때문에 관심을 끌기 위해서라면 영혼이라도 팔 것처럼 행동하는 사람이 많다. 하지만 관심보다 중요한 건 본질이다. 이 저자도 그렇다. 끈질김 덕분에 출판으로 이어지긴 했지만 단지 끈질김만으로 된 건 아니다. 본질적으로 글이 괜찮았기 때문이다. 꽤 많은 사람들이 홍보를 위해 온갖 노력을 한다. 난 홍보 이전에

자기 그릇을 키우는 것이 먼저라고 생각한다. 알리는 데
애를 쓰는 대신 그릇을 키우기 위해 어떤 노력을 하고 있
는가?

일이 있어야 한다

당신을 아침에 일어나게 하는 일은 무언가? 아침마다
당신을 웃음 짓게 하는 일에는 어떤 일이 있나? 일본어에
'이키가이'란 단어가 있다. 삶의 보람이나 가치 등을 뜻하
는데 그것보다는 좀 복잡한 것 같다. 어떤 학자는 이키가
이를 일체감과 자기실현의 합으로 본다. 로라 올리브가
쓴 칼럼 〈Is this Japanese concept the secret to a long,
happy, meaningful life?〉에서 이키가이의 개념을 소개
하는데 도움이 될 듯해서 소개한다. 대충 이런 내용이다.

일에는 네 종류가 있다. 내가 좋아하는 일, 내가 잘하
는 일, 돈이 되는 일, 사회에 가치가 있는 일이 그것이다.
첫째, 좋아하는 일과 잘하는 일의 접점에서 passion이 나
온다. passion은 단순한 열정(enthusiasm)과 다르다. passion

에는 희생의 개념이 들어있다. 그 일을 위해 다른 걸 버려야하는 것이다. 희생이 없는 열정은 passion이 아니다. 그건 단순한 흥분상태 혹은 혹 하고 끌리는 것이다. 둘째, 잘하는 일과 돈이 되는 일의 접점에 profession이 있다. Profession은 직업, 전문직이란 의미다. 직장인 대부분이 여기 해당한다. 자신의 전문성을 팔아 생계를 유지한다. 셋째, 돈이 되는 것과 사회적으로 가치가 있는 일의 접점에 vocation이 있다. 보통 소명으로 번역한다. 그냥 먹고 살기 위해 하는 일과는 다르다. 사명감에 바탕을 둔 직업이다. 마지막, 내가 좋아하는 일과 사회가 필요로 하는 일의 접점에 mission이 있다. 말 그대로 사명이다. 내가 생각하는 사명(使命)은 일할 사(使)에 목숨 명(命), 목숨 걸고 일하는 것이다. 거기서 나온 단어가 선교사를 뜻하는 missionary다. 선교사는 돈 때문에 일하지 않는다.

그런데 열정, 직업, 소명, 사명 모두 하나씩 부족한 것이 있다. 열정은 만족스럽지만 쓸모없다는 느낌이 든다. 직업은 안정적이지만 공허하다. 좋아하지 않을 수도 있기 때문이다. 소명은 흥분되지만 잘하지 못할 수 있기 때문에 불안하다. 미션은 기쁘고 충만하지만 돈이 되지 않는다. 그걸 다 만족시키는 개념이 바로 '이키가이'다. 좋아하고, 잘하고, 돈이 되고, 사회적으로 가치가 되는 일 모두의 접점에서 바로 이키가이가 나온다. 여기서 다음 질문을 던지고 싶다. 어떤 것이 먼저이고 어떤 것이 나중이냐는 것이다. 좋아하는 것, 잘하는 것, 돈이 되는 것, 사회에 도움이 되는 것 중 어느 게 먼저일까?

가장 신성한 일

가장 신성한 일은 생계를 유지하는 일이다. 그만큼 생계를 유지하는 일은 신성하다. 자기 밥벌이를 남이 아닌 자기 힘으로 하는 것만큼 신성한 일은 많지 않다. 성인이 된다는 건 경제적으로 독립한다는 것을 의미한다. 경제적 독립을 하지 못하고 누군가의 신세를 지는 일은 떳떳하지 못하다. 마흔이 넘어서 늙은 부모에게 손을 내미는 자식은 덜 떨어진 사람이다. 늙어서 자식의 도움을 받아야만 살 수 있다면 이 역시 자식에게는 폐를 끼치는 일이다. 이를 위해서는 젊어서부터 철저하게 살 궁리를 해야 한다.

가장 필요한 일은 철저한 자기관리와 경력관리다. 늘

자신의 현재 상태에 대해 철저하게 분석해야 한다. 어느 날 갑자기 회사에 근무하는 직원들의 인사기록부와 모든 직급을 없애고 순수하게 그 사람이 가진 역량과 지식에 따라 조직을 새롭게 짠다면 무슨 일이 벌어질까? 팀장 중 계속 그 자리를 유지할 사람은 몇 사람이나 있을까? 중간 관리자 중 살아남는 사람은 몇 사람일까? 사장이나 연구 소장은 괜찮을까? 이런 질문은 생각조차 하기 싫을 것이다. 하지만 생각해야만 하는 주제이다. 전문성만이 우리에게 밥을 준다.

일이란?

유대인 이야기의 저자로 유명한 홍익희 선생이 SNS에 글을 올렸다. 봄을 맞아 일거리가 몰리고 있다는 것이다. 70을 넘긴 나이에 이런 일이 있는 건 그만큼 시장에서 그의 가치를 인정하고 있다는 것이다. 부러운 일이다. 나에게도 일거리는 끊임없이 들어오고 있다. 책을 쓰고 기업 특강을 하고 코칭을 하는 건 본업이다. 이외에 내 이름을 걸고 하는 10주짜리 고수문답이 있다. 내 책을 읽고 그들이 질문하고 난 답하는 형태이다. 모 회사와 하는 12제자 프로그램도 있다. 12주 과정에 12명을 일당백의 전사로 키우는 것이다. 비슷한 프로그램도 하고 병원 자문도 하고 있다. 난 이런 일이 들어오면 대세에 지장이 없는 한 대체로 허락한다. 조건 같은 건 별로 따지지 않는다. 이런 걸 통해 세상 변화를 알 수 있고 그 과정에서 많은 걸 배울 수 있기 때문이다. 무엇보다 나를 찾는 고객이 있다는 것은 큰 축복이다.

난 일을 할 때가 즐겁다. 일이 일로 느껴지지 않고 보약으로 생각된다. 만약 일이 없고 아무도 나를 찾지 않는다면 불행할 것 같다. 복 중 가장 큰 복은 일복이라고 생각한다. 사람들은 건강을 지키는 것에는 큰 관심이 있지만 일을 지켜야 한다는 생각은 하지 않는 것 같다. 건강만큼 중요한 것이 일이다. 건강을 지키는 것만큼 일을 지켜야 한다. 그래야 그 일이 나를 지켜주기 때문이다. 내게 일이란 나를 지켜주는 수호신이다. 건강해도 할 일이 없다면 견디지 못할 것 같다. 난 평생 일을 하면서 살고 싶다.

10장

성장

부자가 되고 싶으면 공부하라

수력발전소는 물의 낙차를 이용해 전기를 생산한다. 낙
차가 클수록 많은 전기를 생산할 수 있다. 금융에는 차익
거래란 말이 있다. 영어로는 Arbitrage라고 한다. 글자 그
대로 시세 차이를 이용해 돈을 번다는 것이다. 이자율 싼
곳의 돈을 빌려 이자율 비싼 곳에 돈을 빌려주는 은행의
핵심이 사실은 차익거래다. 물건을 싸게 구입해 비싼 곳
에 파는 것도 차익거래다. 내가 생각하는 또 다른 차익거
래는 지식의 격차를 이용해 돈을 버는 것이다. 어떻게 하
면 더 돈을 잘 벌 수 있을까? 바로 지식격차를 크게 하면

돈을 벌 수 있다.

제약회사 영업왕이 내게 해준 말이 인상적이다. 그는 고객이 아는 것과 내가 아는 것을 기준으로 네 분면을 만들었다. '나도 알고 고객도 안다. 나도 모르고 고객도 모른다. 나는 알고 고객은 모른다. 나는 모르는데 고객은 안다' 각각에 따른 결과물은 다음과 같다. 첫째, 나도 알고 고객도 안다면 몸으로 때워야 한다. 둘째, 나는 모르고 고객은 안다면 그를 위해 봉사해야 한다. 의사를 상대하는 제약회사 영업사원 중 이런 사람이 많다고 한다. 셋째, 둘 다 모른다면 워크숍을 하면서 답을 찾는다. 넷째, 나는 아는데 고객은 모른다면 좋은 제안을 할 수 있다. 사실 부는 여기서 창출된다. 여기서의 키워드는 바로 지식의 격차다. 많은 분야에 적용이 가능하다.

여러분의 고객은 누구인가? 현재 여러분은 어떤 상태인가? 혹시 모든 고객이 알고 있는데 여러분은 모르는 건 아닌가? 너도 알고 나도 알고 있는 뻔한 걸 팔기 위해 애를 쓰는 건 아닐까? 어떤 공부를 해야 지식의 격차를 벌여 돈을 벌 수 있을까?

이 또한 지나갈까

좋은 말이 다 좋은 건 아니다. 때와 시기와 상황에 따라
다 다르기 때문이다. 대표적인 말이 '이 또한 지나가리라'
란 말이다. 이 말은 힘든 일이나 사건도 시간이 지나면 잊
힐 수도 있으니 참고 견디라는 말이다. 하지만 이 말이 아
무것도 하지 않으면서 참호 안에서 전쟁이 끝나길 기다리
라는 말은 아니다. 자기 역할과 책임은 다하면서 때를 기
다리다 보면 좋은 날이 올 것이란 뜻으로 난 해석한다.

별다른 노력을 하지 않는데 과연 별일 없이 그냥 지나
갈까? 자기 역할을 게을리 하고 안전지대에 머무는 사람
의 미래는 어떻게 될까? 난 이들에게 '혹독한 겨울이 너를
기다릴 것이다. 기대하라'란 말을 해주고 싶다. 뭐든 때가
있는 법이다. 봄에는 씨를 뿌리고 여름에는 김을 매고 그
래야 가을에 뭔가 거둘 수 있다. 봄에 씨를 뿌리지 않고 땀
을 흘리지 않은 사람에게 '이 또한 지나가리라'란 말은 어
울리지 않는다. 젊어서 땀을 흘리지 않으면 나이 들어 진
땀을 흘리게 될 것이다.

그릇이 크다는 건

미국 노스캐롤라이나 주 애슐리 잉글랜드씨 부부는 며칠 전, 특수교육이 필요한 장애를 가진 여덟 살 아들을 데리고 저녁 외식을 하러 나갔다. 아이 때문에 바깥나들이가 너무나 어렵고 괴로운 일이었지만 모처럼 용기를 냈다. 아니나 다를까. 주문할 때부터 아이가 소란을 피우기 시작했다. 테이블을 마구 쳐대고 난리법석이다. 다른 손님들을 짜증나게 하는 소동이었다. 말려봐도 소용이 없고 모두 좌불안석이 됐다. 그때 여종업원이 눈물을 글썽이며 테이블로 다가왔다. 시끄럽게 떠드는 아이를 어쩌지 못했다고 호된 꾸지람을 듣겠다고 생각했는데, 잠시 후 잉글랜드씨 얼굴에 눈물이 흘러내렸다. 여종업원은 "어느 손님이 가족 분을 위해 계산을 모두 해주고 가셨다."며 그 손님이 전해달라고 했다는 쪽지를 건넸다. 아이 엄마와 여종업원을 눈물짓게 한 쪽지에는 이렇게 쓰여 있었다. '신께선 특별한 아이를 특별한 부모에게만 허락하신답니다.'

내가 좋아하는 조선일보 윤희영 칼럼에서 본 내용이다. 식당에서 떠드는 아이들을 보면서 늘 못마땅한 표정을 짓고, 도대체 부모는 어떤 사람인지를 이해를 못하다며 혀

를 차던 나와 너무 다른 사람이기 때문이다. 그 사람은 어
떤 사람일까? 얼마나 그릇이 크기에 이런 생각을 할 수 있
을까? 저절로 그 사람에게 머리를 숙이게 된다.

열려있는 사람이 되라

굴러 들어온 돌이 박힌 돌을 빼낼까? 아니다. 그들이야
말로 정체된 조직에 활기를 불어넣는다.

아테네에서는 부모가 모두 아테네인이어야만 시민권을
부여했다. 아리스토텔레스조차 마케도니아 출신이란 이
유로 시민권 획득에 실패했다. 로마인은 다른 민족에게
배우기를 거부하는 오만 따위는 갖고 있지 않다. 좋다 싶
으면 그것이 적의 것이라 해도 거부하기 보다는 모방하는
쪽을 선택했다. 카이사르의 이야기다. 심지어 피지배민족
인 그리스의 신들조차 받아들였다.

스페인은 달랐다. 그들은 이단의 위험으로부터 순수한
사회를 지킨다며 모든 새로운 것을 배격했다. 조금이라도
개혁적이거나, 새롭거나, 변화를 추구하는 움직임은 원천

봉쇄했다. 처음에는 종교에 국한됐으나 점차 모든 학문과 예술 분야로 확산됐다. 공포의 산물인 종교재판소가 성장할수록 스페인은 역동성을 잃기 시작했고 개인의 자유와 사회의 활력은 떨어졌고 결국 패권을 넘긴다. 굴러온 돌이 박힌 돌을 빼낼 수 있어야 그 조직이 발전하는 거 아닐까?

우승의 비결

평범한 시골 공립학교에서 방과 후 과외활동으로 야구를 해서 전국대회에서 우승을 한 놀라운 이야기가 있다. 믿기지 않는 이야기지만 실제 일본에서 일어났던 감동적인 사건이다. 이 학교는 공립학교여서 야구 특례생을 받을 수 없다. 중학시절 취미로 야구를 했던 18명이 야구부원의 전부다. 학교 수업이 우선이기 때문에 수업이 끝난 후 2시간 훈련이 고작이다. 그것도 시험기간 중에는 훈련을 하지 않는다. 코치를 데려올 돈이 없어서 야구에 관심이 많았던 국어 선생님이 코치 겸 감독을 맡았다. 이런 팀이 2007년 여름 최고 명성을 가진 고시엔 대회에서 우승했다. 이름도 없고 아무런 야구 전통도 없는 평범한 시골 학교 사가기타(佐賀北)고등학교의 우승에 많은 사람들이 놀랐다. 마치 서울대학이 전국대학 야구대회에서 우승한 것과 같은 일이다.

그런데 특이한 일이 있다. 이 학교는 시합 중 상대팀을 칭찬한다. 예를 들어 상대팀 선수가 안타를 쳤을 경우 1루수는 상대팀 선수에게 "나이스 배팅!"이라고 칭찬한다. 2루타를 친 선수에게는 2루수가 "멋진 타격이었어요!"라고 격려한다. 한편 타석에 들어가 3진을 당해도 상대팀 투수에게 "굿 피칭!"이라고 한다. 고시엔 대회는 참석 팀이 많기 때문에 토너먼트 방식으로 진행되고 한번 지면 끝이다. 하지만 사가기타교와 경기를 한 팀들은 하나같이 그들의 팬이 된다. 이길 때마다 더욱 많은 팬을 갖고 이 팬들의 응원에 힘입어 공립학교로는 11년 만에 우승을 한 것이다.

우승비결을 묻는 기자들에게 코치 겸 감독인 국어선생님은 이렇게 소감을 말한다. "우리 애들은 시간을 잘 지킵니다. 예의 바르게 행동합니다. 공부를 열심히 합니다." 그저 인간으로서, 학생으로서, 운동선수로서 기본을 잘 지킨 것뿐이라고 겸손하게 말한다. 물론 엄청난 열정과 땀이 뒷받침되었을 것이다. 놀라운 이야기다. 인간으로서

도리를 지키고, 본분을 지키고, 운동선수로서의 페어플레이 정신을 발휘함으로써 최고의 영광을 안은 것이다.

운동선수들이 직업으로 성공할 확률은 5퍼센트 미만이란 이야기를 들은 적이 있다. 공부는 안 하고 운동만 했기 때문이다. 설혹 성공을 해도 음주운전 같은 행동으로 물의를 빚는 경우도 종종 있다. 무슨 일이든 기본이 중요하다. 난 그 중에서도 제 시간에 오는 걸 가장 중시한다. 내가 생각하는 제 시간은 원래 약속시간보다 15분쯤 미리 가는 걸 뜻한다. 물론 다른 사람에겐 강요하지 않고 스스로에게만 강요한다. 흔히 기본에 충실하자고 한다. 여러분들이 생각하는 기본이 뭔지 궁금하다.

말 한 마디의 힘

독일의 유명 작곡가 멘델스존의 할아버지 모세 멘델스존은 꼽추였다. 모세는 어느 날 함부르크에 있는 한 상인 집을 방문했다 주인집 딸 프룸체에게 한 눈에 반한다. 외모상 하늘과 땅만큼의 차이였다. 집으로 돌아갈 시간이 되자 모세는 용기를 내어 프롬체에게 다가갔다. 하지만 그녀는 아는 체도 하지 않았다. 그러자 모세는 이렇게 말한다. "당신은 결혼할 배우자를 하늘이 정해준다는 말을 믿나요?" 프롬체는 고개를 밖으로 돌린 채 "그래요."라고 답한다. 그러자 모세는 말한다. "한 남자가 태어날 때 하느님은 신부가 될 여자를 정해주지요. 제가 태어날 때 하느님이 '너의 아내는 곱사등이다'라고 말했습니다. 놀란 저는 안 된다고 소리쳤습니다. '제 신부에게 아름다움을 주세요. 대신 저를 꼽추로 만들어주세요'라고 말했습니다." 그 말을 들은 프롬채는 모세를 보았고 둘은 곧 사랑에 빠졌다.

난 이 이야기를 듣고 믿어지지 않았지만 두 가지 면에서 놀랐다. 첫째, 모세 멘델스존의 기발한 멘트였다. 어떻게 이런 생각을 할 수 있을까? 아마 미리 많은 생각을 했을 것이다. 만약 자신의 마음에 꼭 드는 여자가 나타나면 어떻게 할까 미리 머릿속으로 시뮬레이션을 하고, 몇 가지 메뉴를 정하지 않았을까? 그를 보면 유혹(誘惑)한다는 것의 이유가 말씀 언(言)에 빼어날 수(秀)인 이유를 알 것 같다. 역시 말을 잘 해야 이성을 유혹할 수 있는 것이다. 또 다른 하나의 의문점은 아무리 그래도 꼽추와의 결혼을 결심한 프롬체를 보면 그 사람도 보통 사람은 아닌 것 같다는 것이다. 혹시 이처럼 뛰어난 말로 뭔가를 유혹하거나, 팔아보거나, 위기를 넘긴 그런 사례가 있는가? 아니면 지금 상황에서 결정적인 한 마디를 날리고 싶은데 아이디어가 부족해서 고민하고 있지는 않은가?

질문을 바꿔야 답이 바뀐다

핫도그 많이 먹기 대회의 6회 연속 우승자는 자그마한 체구의 일본인 다케루 고바야시다. 그는 어떻게 그런 대기록을 세울 수 있었을까? 질문이 달랐기 때문이다. 다른 사람들은 어떻게 하면 핫도그를 많이 먹을 수 있을까를 생각했는데 그는 어떻게 하면 핫도그를 쉽게 먹을 수 있을까를 고민했다. 질문이 달라지면 해법이 달라진다. 그가 생각한 해법은 이렇다. '빵과 소시지를 분리해서 먹는다. 그럼 밀도 차이가 적어서 빨리 먹을 수 있다. 소시지를 반으로 잘라서 먹는다. 입이 할 일을 손이 하기 때문에 공정이 줄어든다. 빵을 물에 적셔서 먹는다. 그럼 부피가

작아져 먹기 쉽다. 마지막은 먹으면서 펄쩍펄쩍 뛴다. 그럼 위에 빈 공간을 확보할 수 있다. 마치 쓰레기통의 쓰레기를 꾹꾹 눌러 공간을 확보하는 원리와 비슷하다' 대충 이런 내용이다.

불법 다운로드 때문에 고민하던 음반업자들이 한 곳에 모였다. 대부분은 '어떻게 하면 이를 방지할 수 있을까'를 고민했다. 그런데 한 사람은 다른 질문을 했다. 방지 대신 '어떻게 하면 돈을 내고 다운로드를 하게 할 수 있을까'를 질문했는데, 그가 스티브 잡스다.

네트워크 마케팅을 하는 분이 사람들이 가진 선입견과 편견 때문에 힘들다는 하소연을 했다. 어떻게 하면 그런 걸 없앨 수 있는지를 묻는다. 난 "없애려고 하는 대신 이를 활용하면 어때요? 모든 사람이 아무런 선입견이 없으면 모든 사람이 이 사업을 할 것이고, 그럼 당신의 몫이 줄어들어 더 곤란하지 않을까요? 선입견이 오히려 유리한 측면이 있지 않을까요?"라고 반문했다.

'요즘 어떤 고민을 갖고 있는가. 거기에 대해 어떤 질문을 던지는가. 혹시 지금 질문이 잘못된 건 아닌가' 질문을 바꿔보라. 질문이 달라지면 해법이 달라질 것이다.

가설에 도전하라

버트란트 러셀은 1872년 명문가 집안에서 태어나 98세까지 살았다. 4번 결혼하고 여성과의 염문도 끝없이 뿌렸다. 징집을 반대해 옥살이를 했고 노벨문학상도 받았다. 반핵운동에 뛰어들기도 했다.

11살 때 형이 설명하는 공리(Axiom) 즉, '증명이 불필요한 자명한 진리'에 거부의사를 표시했다. 증명이 불필요하다는 걸 어떻게 증명할 수 있느냐는 것이다. 정리(Theorem)는 공리를 전제로 증명해낼 수 있는 확실한 진리다. 그는 새로운 논리학을 철학에 적용했다. 명료하지 않는 언어의 사용을 거부했다.

그가 자주 한 질문이다. "너무나 확실해서 누구도 의심할 수 없는 지식이 존재할까?" 질문 자체가 위대하다. 그의 목표는 명확하다. 확실한 지식에 도달하는 것이다. 그가 생각하는 선은 이렇다. "욕구나 기쁨, 자연에 순응하고, 신의 의지에 복종하라는 의견에 반대하는 것이다. 모든 통념에 저항하는 것이다. 늘 의심하고 질문하고, 그게 정말 맞는지 확인하는 걸로 풀어보는 것이다." 이어 그는 『나는 왜 기독교인이 아닌가』란 책을 썼다. 신이 없다는 게 아니고 신이 존재한다는 납득할 만한 증거가 없다는 것이 이유다. 한 마디로 불가지론이다. 존재하는지, 존재하지 않는지 잘 알 수 없다는 것이다. 어떤 사람이 그에게 "만약 천국에서 신을 만나면 어떻게 자신을 변호할 것이냐?"라고 질문한다. 러셀은 "왜 자신의 존재에 대해 그렇게 불충분한 증거만을 주었는지 되물을 것이다."라고 답했다. 참 좋은 질문에 멋진 답변이다.

인문학의 기본은 질문을 던지는 것이다. 우리가 옳다고 생각하는 것에 의문을 품는 것이다. 내가 생각하는 가장 좋은 질문은 가설(assumption)에 대한 질문이다. 예를 들어 이런 것이다. 공부를 잘하면 꼭 법대나 의대를 가야 한다는 것도 일종의 가설이다. 법대를 가면 출세할 수 있다는 것이다. 과연 그럴까? 그런 가설을 갖게 된 근거는 무엇인가? 만약 그게 맞지 않으면 어떻게 할 것인가? 건강도 그렇고 돈도 그렇다. 인생의 중요 아젠다에 대한 사람들의 가설이 궁금하다. 어떻게 그런 가설을 갖게 됐는지, 그게 유효한지 어떤 실험을 해봤는지 알고 싶다.

머리는 머리 역할을, 꼬리는 꼬리 역할을

어디선가 읽은 머리와 꼬리란 글을 소개한다. 출처는 잘 기억나지 않는데 대충 이런 내용이다.

항상 머리가 가는 데로 따라다니기만 하던 뱀의 꼬리가 어느 날 볼멘소리를 터뜨리며 머리에게 말했다. "왜 나는 언제나, 너의 꽁무니만 따라다녀야 하는 거지? 이건 너무 불공평해, 나도 뱀의 일부분인데, 언제까지 노예처럼 따라다니기만 해야 하니?" 그러자 머리가 대답했다. "바보 같은 소리 좀 하지 마라. 너는 앞을 볼 수 있는 눈도, 위험을 분간할 수 있는 귀도, 행동을 결정할 두뇌도 없잖아. 나는 절대로 나 자신을 위해서 그렇게 하는 게 아니라고, 다 너를 생각하기 때문이지." 그러자 꼬리는 비웃으며 말했다. "그 따위 말은 듣기 싫어. 세상 모든 독재자나 폭군은 자신을 따르는 자들을 위해 일한다면서 제멋대로 행동하고 있지." 꼬리의 말에 머리는 하는 수 없이 이렇게 말했다. "정 그렇게 생각한다면 네가 앞장서서 해보렴." 꼬리는 매우 기뻐하며 앞에 나서서 먼저 움직이기 시작했다. 그러나 얼마 안 가 도랑에 빠지고 말았다. 머리가 애쓴 끝에 간신히 도랑에서 빠져나오긴 했지만 또 다시 꼬리는 가시투성이 덤불 속으로 들어가고 말았다. 꼬리가 애를 쓰면 쓸수록 점점 더 가시에 찔려 어떻게 할 도리가 없었다. 이번에도 머리의 도움으로 뱀은 상처투성이가 되어 가까스로 가시덤불에서 빠져나왔다. 그런데도 꼬리는 포기하지 않고 다시 앞장서서 나가다 이번에는 불 속으로 들어가고 말았다. 몸이 뜨거워지더니 갑자기 앞이 캄캄해졌다. 다급해진 머리가 필사적으로 도망치려 했지만 이미 때는 늦었고, 결국 뱀은 불에 타 죽고 말았다.

늘 자신의 역할이 어떤 것인지, 상대의 역할에서 힘든 점은 어떤지를 생각하면 훨씬 괜찮은 조직이 될 것이다. 머리 역할하는 사람은 머리 역할을, 꼬리 역할 하는 사람은 꼬리 역할을….

말 한 마디로 천 냥 빚을

몇 년 전 일이다. 어느 날 저녁 지인들과 노래방에 놀러 갔다. 중간에 화장실을 가는데 입구에서 담배 피우는 중년남성을 발견했다. 주인인 것 같은데 옆에는 사나워 보이는 마누라가 못 마땅한 눈빛으로 그를 째려보고 있었다. 담배를 피우다 걸린 것 같았다. 마누라의 잔소리에 "그래도 화장실에서는 피우지 않았어."라고 말한다. 담배를 피우다 선생님한테 딱 걸린 학생 모습이다. 난 딱하다는 생각이 들어 "담배가 그렇게 맛있어요?"라고 묻자 그는 살며시 웃으며 "네, 맛있어요."라고 답한다. 몇 년이나 피웠냐는 질문에 4년이란다. 사업을 하다 망하면서 다시 피웠단다. 오랫동안 담배를 피웠던 난 이렇게 말했다. "담배가 맛있다는 건 아직 건강하다는 증거이니 미안해하지 말고 피우세요. 힘든 사람에게는 담배가 구원일 수 있어요. 담배라도 피울 수 있어야지요. 그렇지 않으면 자살을 할 수도 있어요." 라고 편을 들었다. 그 순간 그 남성의 눈이 반짝 빛났다. 제 손을 꼭 잡고 "형님, 고맙습니다. 전 저를 이렇게 공감하는 말을 정말 처음 들었습니다. 담배 덕분에 자살 생각은 안 했던 것 같아요." 거의 울 듯한 표정이다. 잠시 후 내가 있는 방에 그 남자가 맥주를 한 병 갖고 들어와 다시 한 번 제 손을 잡고 고맙단다. 같이 갔던 지인이 "말 한 마디에 천 냥 빚을 갚는다더니 오늘이 그랬네요." 라고 말했다. 정말 맞는 말이다. 말 한 마디에 천 냥 빚을 갚기도 하고, 원수가 되기도 한다.

난 그 남자를 보면서 돌아가신 아버님 생각이 났다. 아버지는 담배 때문에 어머니로부터 참 구박을 많이 받았다. 담배 때문에 협심증에 후두암까지 걸렸지만 결국 담배를 끊지 못했다. 소심한 아버지는 평소 감정을 드러내지 못하고 뭔가를 꾹꾹 참고 사셨는데 아버지에게는 담배가 유일한 구원이었을 것이다. 답답한 세상에 담배라도 피워야 숨을 쉴 수 있었을 것이다. 담배는 몸에 해롭지만 어떤 이들에게는 숨구멍이 될 수 있다. 난 담배를 싫어하지만 담배 피우는 사람을 함부로 미워하지는 않으려고 노력한다. 사람들은 다 저마다의 사정이 있기 때문이다.

대통령 욕을 하지 맙시다

정치는 정말 중요하다. 정치인 중 나라를 망치겠다고 작정한 사람은 없지만 본의 아니게 그들이 선한 의도로 만든 정책이 오히려 상황을 악화시키는 경우는 많다. 그래서 영어 속담에 'The road to the hell is paved with good intention'이 있다. 지옥으로 가는 길은 늘 선의로 포장되어 있다는 말이다.

국민들은 자기 수준에 맞는 대통령을 갖는다는 말이 있다. 우리들은 오랫동안 대통령을 비난해 왔다. 대통령 비난을 취미로 하고 있다. 우리뿐이 아니다. 냉정하게 생각해 보라. 그런 대통령을 누가 선출했는가? 바로 우리들이다. 우리 수준에 딱 맞는 대통령을 우리가 뽑은 것이다.

좋은 대통령을 원하는가? 그럼 하루 빨리 우리의 지적 수준을 올려야 한다. 요즘 우리 정부를 보면 정말 가관이다. 하지 말아야 할 일을 찾아 귀신같이 효과적으로 일한다. 최단시간에 국가의 경쟁력을 최대로 떨어뜨린 정부로 기억될 것이다. 아무런 기대를 하지는 않았지만 기대를 뛰어넘는다. 그런데 과연 그 사람을 비난할 수 있을까? 난 비난하면 안 된다고 생각한다. 우리들이 뽑았기 때문이다. 비난하는 대신 우리의 눈을 의심해야 한다. 앞으로 그래야 한다. 그런 면에서 천하흥망 필부유책(天下興亡 匹夫有責)이란 사자성어를 좋아한다. 천하의 흥망은 모든 사람에게 책임이 있다는 말이다.

확신을 조심하라

광신자(狂信者)란 단어가 있다. 미칠 광(狂)에 믿을 신(信)
이다. 자기 믿음에 미친 사람이다. 자기 믿음이 절대 틀릴
수 없다는 걸 확신하는 사람이다. 영어로는 fanatic인데
여기서 fan이란 말이 나왔다. 어원은 라틴어 fanaticus로
교회에 헌신하는 봉사자, 어떤 일에 몰입하는 사람을 뜻
한다. 요즘에는 광신자 대신 '○○빠'란 말을 많이 쓴다.

내가 생각하는 광신자의 정의는 '자기 확신으로 넘치
는 사람'이다. 넘쳐도 너무 넘친다. 자신을 하느님과 동격
으로 생각한다. 자기 생각은 절대 틀릴 수 없다고 생각한
다. 물론 아무런 근거가 없다. 당연히 자기 생각을 바꾸
지 않는다. 늘 그 분에 대한 이야기만 한다. 확증편향의
화신이다. 자기 생각을 뒷받침하는 정보는 무조건 받아
들이고, 그렇지 않은 정보는 보지도 않고 버린다. 당연히
점점 증세가 심해진다. 이들은 사람을 자기 생각에 동의
하는 사람과 그렇지 않은 사람으로 나눈다. 동의하면 아
군, 그렇지 않으면 적군이다. 그들은 자기가 숭배하는 분
에 대해 지나치게 예민하다. 조그만 불만의 소리도 용납
하지 않는다. 그런 자는 발견 즉시 단체로 달려들어 테러

를 가하거나 응징하고 그런 일이 그분을 위한 일이라고 생각한다.

무언가에 미쳐 본 적이 있는가? 현재 무언가에 깊이 빠져 있는가? 불광불급(不狂不及)이란 말처럼 때론 무언가에 빠지는 것이 필요하다. 그래야 한 단계 성장할 수 있다. 하지만 늘 자신의 확신에 대해 의심해야 한다. 그렇지 않으면 확신이 나 자신을 파괴할 수 있다. 마크 트웨인의 말처럼 '인간을 파멸시키는 건 무지가 아니라 잘못된 확신'이기 때문이다.

무얼 확신하는가? 여러분 생각이 맞는다는 걸 어떻게 증명하는가? 확신의 근거는 무엇인가? 확신을 의심해야 한다. 내 생각이 틀릴 수도 있다는 생각이 필요하다. 지금처럼 급변하는 세상에 가장 필요한 게 개방성이라는 생각이 든다. 내가 생각하는 개방성의 정의는 '내가 틀릴 수도 있다. 난 내가 틀렸다는 걸 느낀 순간 언제든 새로운 생각을 받아들이겠다. 난 늘 열려있다'고 생각하는 것이다.

그가 싫어할 질문은 하지 마라

명절 때 젊은이들이 고향에 가기 싫어하는 이유가 있다. 짜증나는 질문에 대한 답을 하기 귀찮기 때문이다. 대학을 졸업한 사람에겐 취직은 어떻게 됐느냐고 묻는다. 취직이 된 친구에게는 결혼은 언제 하냐고 물어본다. 결혼한 친구에겐 아기는 어떻게 할 것인지, 아이가 하나인 사람에겐 둘째 계획을 묻는다. 궁금하긴 하지만 사실 당사자로서는 전혀 반갑지 않은 질문이다.

그들은 분명 속으로 이런 생각을 할 것이다. '애는 당신이 키워줄 건가요? 취직이 안 됐으면 도와줄 수 있나요?' 그렇지 않아도 이런 건 당사자가 가장 절실하게 고민하고 있다. 취직이 됐는데 안 하는 사람도 없고, 결혼하고 싶은데 결혼하지 않은 사람도 없다. 다 나름의 사정이 있는 법이다.

난 오히려 젊은이들이 어른들에게 거꾸로 이런 질문할 것을 권한다. "아니, 은퇴했다고 그렇게 판판히 놀 건가요? 뭐라도 해야 하는 건 아닌가요? 언제까지 담배를 계속 피울 건가요? 건강이 나쁘다면서 회복을 위한 계획은 갖고 있나요?" 한 마디로 우리 일에 신경 끄시고 당신들 걱정이나 하라는 무언의 경고이다.

궁금하단 이유로, 제발 그들이 싫어하는 질문 좀 하지
마라.

가난이 준 선물

대기업을 나와 몇 년간 경제적으로 힘든 시간을 보냈
다. 퇴직금으로 융자금을 갚고 차도 없앴고 최소한의 생
활만 했다. 40이 넘은 나이였지만 한 달 용돈은 5만 원 정
도에 불과했다. 회사와 집을 왔다 갔다 하는 것 외에는 할
수 있는 일이 없었다. 옷을 사 입는다든지, 외식하는 건 꿈
도 꿀 수 없었다. 처음에는 힘들었는데 시간이 지나면서
익숙해져서 별로 힘들지 않았다. 심플한 삶이 주는 기쁨
도 있었다.

한번은 미국에서 온 친구가 밥을 산다면서 온 가족을
'베니건스'란 식당에 초대했는데 두 딸이 그렇게 기뻐할
수가 없었다. 식당이 있는 신촌에서 일산 집까지 오는 내
내 딸들은 그 집 음식이 얼마나 맛있었는지를 이야기했

다. 그래도 좋은 일보다는 난처한 경우가 더 많았다. 또 한번은 아주 친한 후배가 부친상을 당했다는 소식을 들었다. 고등학교, 대학, 대학원은 물론 직장까지 같은 후배라 부조를 많이 하고 싶었지만 도저히 여유가 없어 5만원을 했는데 그 일로 며칠간 마음이 아팠다. 또 언젠가 친한 친구가 집에 놀러 와 같이 외식을 나갔는데 밥을 먹는 내내 외식비가 제법 나올 것이란 걱정에 식사를 즐길 수 없었다. 나중에 보니 이 친구가 이미 지불을 끝낸 상태였다. 그때 배운 사실이 있다. 밥을 살 때는 그 사실을 미리 알려 먹는 사람의 마음을 평안하게 해야 한다는 것이다.

가난이란 무엇일까? 가난이 나쁘기만 할까? 그렇지 않다. 계속 부자인 것보다는 가난을 경험하면 돈의 소중함을 더 절감할 수 있다. 가난한 사람의 마음을 헤아릴 수 있기 때문에 돈을 더 잘 쓸 수 있다.

그래서 생긴 나만의 노하우 몇 개를 공개한다. 축의금 같은 건 기대보다 더 하는 걸 목표로 한다. 가능한 밥을 살 때는 미리 말을 해서 기분 좋게 먹는다. 누가 밥값을 낼까 같은 고민은 사전에 없앤다. 경제적으로 어려운 일이 있는 사람을 만날 때는 현금이나 상품권을 준비해 간다. 식당에서 서빙하는 사람에게는 가능한 팁을 준다. 지인과 함께 아이가 오는 경우는 꼭 만 원이라도 용돈을 준다.

걱정 중 하나를 선택할 수 있다면 여러분은 어떤 걱정을 택하겠는가? 난 돈 걱정을 택하고 싶다. 돈 걱정은 돈만 생기면 해결되기 때문이다. 지금 생각하면 가난했던 몇 년이 내게는 축복의 시간이었다.

아이인가? 어른인가?

아이인지 어른인지 구분하는 방법 중 하나는 중심에 누가 있는지를 보는 것이다. 아이들은 내 안에 오로지 나만 있다. 배고프면 울고, 맘에 들지 않으면 징징댄다. 남이야 어떤 상황이건 개의치 않는다. 오로지 자기만 생각한다. 나이가 들면 남들이 눈에 들어오기 시작한다. 배가 고파도 남을 의식해 참고 기분이 나빠도 함부로 성질을 부리지 않는다. 철이 드는 것이다.

그런데 돈과 권력이 생기면 다시 아이가 되기 쉽다. 사람들이 눈에 보이지 않고 오로지 자신의 편함과 유익만 보인다. 세상은 다 자신을 위해 존재하고 지구도 자기를 중심으로 돌아가야만 한다. 맞벌이하는 며느리에게 요리까지 잘할 것을 요구하는 시어머니, 음식점에서 온갖 까탈을 부리는 사람, 골프장 캐디를 함부로 대하는 아저씨, 직장생활에 지친 자식들에게 온갖 사례를 들면서 효도를 강요하는 부모, 아파트 경비나 백화점 직원에게 못되게 구는 사람들이 그렇다. 이들은 덩치만 큰 아이다. 기저귀만 차지 않은 철부지다.

처신의 핵심은 측은지심이다. 나는 물론 다른 사람을 측은한 마음으로 볼 수 있어야 한다. 하나의 소중한 인격체로 보고, 누군가의 아버지고 어머니라는 생각을 해보라. 어떻게 반말이 나오고, 함부로 그를 대할 수 있겠는가?

까다롭다는 것

유난히 싫어하고 가리는 게 많은 사람이 있다. 먹는 것도 그렇고 사람도 그렇다. 되는 것보다는 안 되는 게 많다. 이건 이래서 안 되고, 저건 저래서 싫고. 안 되는 게 뭐가 그렇게 많고 싫은 게 그리 많은지 알다가도 모를 일이다. 왜 이들은 이럴까? 왜 그렇게 까탈을 부릴까? 미워하고 싫어하고 걸리는 게 많다는 건 어떤 의미일까? 교만의 다른 형태가 아닐까? 자신을 그런 고고한 사람으로 생각하니까 대부분 맘에 들지 않는 건 아닐까? 편견과 고정관념이 많다는 것도 이유가 될 수 있다. 사람이 싫은 것도 그렇다. 오다가다 만나는 사람 사이에 뭐 그리 좋고 싫을 게 있는가? 같이 일을 하는 것도 아니고 그 사람이 같이 살자는 것도 아니다. 가끔 보고 만나는 사이에 뭘 그리 까다롭게 따지고 견제하고 하는가?

뭔가를 배우고 경험하는 과정인 학(學)은 필터가 많아지는 과정이다. 그래서 많이 배운 사람들은 자신만의 필터가 두텁다. 웬만한 정보는 침투가 불가능하다. 그래서 때론 벽하고 대화하는 것 같은 답답함을 느낀다. 다음 과정은 깨달음이다. 그런 지식의 필터들을 다 허물고 자유로워지는 것이다. 내가 생각하는 깨우침의 정의는 자유로움이다. 자유로움은 시원함이다. 확 트인 느낌이다. 까다롭게 구는 대신 그 사람 앞에서는 무슨 말이든 할 수 있다는 느낌을 갖게 한다. 노자의 위학일익 위도일손(爲學日益 爲道日損)은 그런 의미의 압축이다. 배운다는 것은 더해가는 것이고 도라는 건 비우는 과정이란 말이다.

여러분은 어떤가? 배우는 과정인가, 아니면 비우고 있는가? 배우지 않아서 비울 것도 없는 건 아닌가?

쓸데없는 말

참 쓸데없는 말을 많이 하면서 산다. "이런 말 하지 않으려 했는데…."라고 말하면서 사람 속을 긁는 사람들이 있다. 그럼 하지 않으면 된다. 왜 그런 말을 굳이 꺼내는가? 누굴 위한 것인가? 나를 위한 것 같지만 사실 자신을 위한 것이다. "기분 나쁘게 들릴지 모르겠지만…." 이라면서 말하는 사람이 있다. 자신이 생각해도 상대가 기분 나빠할 것 같은데 듣는 내가 기분 좋을 리 있는가? 기분 나쁘게 들릴 말을 하는 이유가 무엇인가? 이 말 듣고 제발 기분 좀 나빠지라는 것이다. "그쪽 걱정이 돼서 하는 말인데"라며 말을 시작한다. 정말 걱정이 되는 것일까? 말은 그렇게 하지만 사실은 아니다. '아무 걱정 없이 사는 네가 미워서 하는 말이니 이 말 듣고 제발 걱정 좀 하라'는 말이다. 뭔가 스피치를 할 때도 그런 경우가 많다. "내가 이런 말 할 자격은 없지만…."이라고 시작하는 이들이 있다. 자격이 없다고 생각되면 이런 자리에 서지 말았어야지 왜 그런 말을 하는가? 그럼 우린 뭔가 자격이 없는 사람이 하는 말을 시간 아깝게 들어야 하는가? "여러분도 알다시피" 란 말도 그렇다. 이런 말을 자주 하는 사람에게 난 "내가 아는지 모르는지 당신이 어떻게 아는가?"라고 묻고 싶다. 난 내가 이런 쓸데없는 말을 하지 않을까 늘 걱정이다. 이 말조차 쓸데없는 말이 아닐까 두렵다.

나는 어떤 사람인가

내가 어떤 사람인지 난 잘 모른다. 하지만 몇 가지 행동을 보면 내가 어떤 사람인지 알 수 있다.

웨이터가 실수로 당신에게 물을 쏟을 경우를 가상해 보자. 이때의 반응이 바로 당신이다. 한 부류는 난동을 부린다. "정신 나간 사람 아니야, 이거 어떻게 할 거야? 세탁비 내놔." 하며 온갖 행패를 부린다. 난동까지는 아니지만 온몸으로 짜증을 표시하는 사람도 있다. 어차피 빨아야 하는데 잘 됐다고 하면서 그를 위로하는 사람도 있다. 똑같이 봉변을 당했지만 반응은 다양하다. 여러분은 어디에 해당하는가? 짜장면 배달 후의 행동도 내가 어떤 사람인지 말해준다. 짜장면을 먹은 후 그릇처리를 보자. 여러분은 어떻게 하는가? 더러운 그릇을 그냥 내놓는다. 거기에 담배꽁초까지 더해 내놓는다. 대충 씻어 내놓는다. 깨끗이 씻어 팁까지 더해 내놓는다. 여러분은 어디에 속하는가?

마지막은 운전습관이다. 대로에서 앞차가 끼어들겠다고 깜빡이를 켠다. 어떤 사람은 더욱 속도를 높여 끼어주지 않는다. 경적을 울리면서 끼어들지 말라고 경고한다. 속도를 줄이고 손짓까지 하면서 기쁜 마음으로 끼어준다. 여러분은 어디에 속하는가?

난 그 사람 말은 믿지 않는다. 대신 그 사람 행동을 본다. 그 사람 행동이 바로 그 사람이다.

친구 따라 강남 가지 마라

인디언들이 추장에게 올 겨울 날씨는 어떨지 물었다.

여러분 같으면 어떻게 답하겠는가? 잘 모르지만 체면을 생각해 그는 아는 척을 하며 이렇게 말했다. "예년보다는 조금 추울 것이다." 이 말을 들은 사람들은 열심히 장작을 사 모으기 시작했고 장작 값은 점점 올라갔다. "요즘 시장에서 장작을 구할 수 없어요. 올 겨울 추위를 예상한 사람들이 장작을 사 모이기 때문입니다. 엄청 추울 모양입니다."란 말은 추장 귀에도 들어갔다. 겨울 추위를 더 확신한 추장은 만나는 사람들마다 추운 겨울에 대비하라는 말을 했고 그 이야기를 들은 사람들은 더 장작을 사면서 장작 값은 천정부지로 오르기 시작했다. 그런데 그 해 겨울은 너무 포근했고 장작이 필요 없어진 사람들이 장작을 다시 시장에 내놓기 시작했다. 이런 걸 네거티브 피드백이라고 한다. 부정적인 것들이 꼬리에 꼬리를 물면서 점점 상황이 부정적이 되는 걸 말한다.

왜 이런 현상이 일어날까? 왜 가만히 있지를 못할까? 남들이 다 하는데 자신만 하지 않으면 불안하기 때문이다. 자기만 바보가 되는 것 같은 기분이 들기 때문이다. 이를 FOMO현상이라고도 부른다. Fear of missing out의 약자인데 자기만 빠지는 걸 두려워한다는 뜻이다. 공부하지 않고 자신감이 없을 때 벌어지는 일이다. 이를 방지하는 최선의 방법은 관심 주제에 대해 공부하는 것이다. 나름의 견해를 갖는 것이다. 친구 따라 강남 가는 사람이 너무 많다. 강남이 어딘지도 모르고 남들이 가니까 나도 가는 격이다.

나력(裸力 Naked strength)을 키워라

나력은 혼자 버티는 힘이다. 누구의 도움도 없이 혼자 살아내는 능력이다. 대기업을 8년 이상 다니다 그만둔 딸애가 얼마 전 동기들 모임을 한 후 이런 이야기를 한다. "다닐 땐 몰랐는데 오랜만에 동기들을 보니 애들이 성장하는 대신 지치고 삭고 있다는 느낌이 들어. 딴에는 열심히 뭔가를 한다고 하지만 그건 개인 역량이 커지는 게 아니라 조직 안에서 익숙해진다는 생각이야. 반면 스타트업에서 10년쯤 일해 회사를 잘 키운 동기 하나는 다른 것 같아. 정말 경쟁력이 있는 것 같아. 맨땅에 헤딩을 하면서 배워서인지 못하는 게 없어." 대기업을 다녔던 자신도 따지고 보니 할 수 있는 게 별로 없는 것 같다는 반성이다.

대기업을 오래 다녔다고 경쟁력이 생길까? 반드시 그런 건 아니다. 대기업에서 일을 잘하는 것과 자신이 일을 잘하는 걸 구분할 수 있어야 한다.

회사에서 능력을 인정받는 건 대부분 회사 브랜드와 안정된 시스템 덕분이다. 회사를 나오는 순간 더 이상 사용할 수 없다. 그걸 자기 역량으로 착각하면 안 된다.

서울대 윤석철 명예교수는 퇴임연설에서 나력의 중요성을 강조했다. 글자 그대로 벗은 상태에서 발휘할 수 있는 힘이다. 회사 이름이 아닌 자기 이름으로 우뚝 설 수 있어야 한다. 따뜻한 온실 속에서 폼 잡지 말고 황량한 벌판에서 실력을 발휘할 수 있어야 한다.

11장

넘치지 말아라

몰라도 좋을 것

정신질환은 정보혁명과 같이 급증해 왔다. 미국인 4,000만 명이 여러 정신질환으로 치료를 받고 있다. 다섯 명 중에 한 명꼴이다. 경찰관 숫자보다 정신치료에 종사하는 사람이 많을 지경이다. 뉴욕대학의 정신의학과 레오폴드 벨라 교수는 이렇게 말한다. "공동체를 정서적 오염에서 보호하기 위해 더 많은 일을 해야 한다."

우리는 매일 정보 과부하, 이로 인한 정서적 오염을 경험한다. 우리 조상은 귀를 씻거나 나쁜 사람 근처에는 가지 않는 식으로 이를 예방했다. 시간이 지나면서 세상 돌아가는 것, 혹은 전체에 대해 알기 싫어진다. 이 엄청난 정보의 양을 감당할 수 없기 때문이다. 우리 두뇌는 일정양의 정보만을 사용할 수 있도록 설계되어 있다. 정보가 너무 많이 들어오면 신경을 꺼서 정보의 일부 혹은 전부를 여과해 버린다. 삶이 척박해진 이유 중 하나는 넘치는 정보 때문이다. 정말 몰라도 되는 것, 모를수록 좋은 정보의 홍수 속에 우리는 살고 있다.

멈추면 보인다

주식투자 실패의 제1원인은 과도한 욕심이다. 조금 더 오를 것이라고 생각하고 기다리다 망한다. 지금 떨어지고 있지만 더 이상 떨어지지 않을 거라고 생각하다 밑바닥을 본다. 그래서 "무릎에 사서 어깨에서 팔아라."라는 격언이 나왔지만 이 격언을 실천하는 사람은 별로 없다.

클러치 상황을 극복하기 위해서도 자제력이 필요하다. 욕심을 버려야 한다. 이를 위해서는 커다란 목표를 잘게 쪼개야 한다. 1년에 40퍼센트의 수익을 목표로 삼기보다는 한 번 거래로 5퍼센트의 수익을 노리는 것이 낫다. 과감히 멈출 수 있는 용기도 필요하다. 15퍼센트 수익을 목표로 하면 주가가 15퍼센트 상승했을 때 무조건 환매해야 한다. 시간이 얼마 걸리든 15퍼센트 수익이 발생하면 그 즉시 증권을 매각해야 한다. 손절매(stop-loss)규칙도 고수해야 한다. 일정 이상 손실이 발생하면 미련 없이 매각하고 빠져나와야 한다. 이런 자제력은 좋은 트레이더의 중요 요소다.『클러치』란 책에 나오는 대목이다.

나를 너무 사랑하는 나?

삶은 자아를 발견하는 과정이다. "난 수시로 다른 사람을 해부한다. 하지만 더 자주 무정하게 나 자신을 해부한다." 루쉰이 한 말이다. 군자는 어떤 사람일까? "걱정하지 않고 두려워하지 않는 사람이다. 군자는 수시로 자신을 반성하고 일을 정정당당하게 처리해서 창피한 것이 없다. 그래서 두려운 것도 걱정할 것도 없다." 공자가 한 말이다. 이를 위해서는 자신을 적당히 사랑해야 한다. 자신을 사랑하지 않으면 나쁜 일도 서슴없이 하고, 지나치게 사랑하면 어떤 일도 하지 못한다. 자신을 사랑하되 도가 지나치면 안 된다는 말이다. 『인생의 품격』이란 책에 나오는 말이다. 자신을 사랑해야 한다. 내가 나를 사랑하지 않으면 다른 사람도 나를 사랑하지 않기 때문이다. 하지만 지나치게 나를 사랑하면 안 된다. 그런 사람에겐 다른 사람이 눈에 들어오지 않는다. 사랑에도 절제가 필요하다. 난 어떤 사람일까?

자신을 의심하라

치우친 사람을 좋아하지 않는다. 좌든 우든 너무 한쪽으로 기운 사람과 같이 있는 건 부담스럽다. 그들은 자신과 생각이 다른 사람을 잘 받아들이지 않는다. 아니 받아들일 생각조차 하지 않는다. 난 그들의 이야기를 들을 때마다 어떻게 하다 저 지경에 이르렀을까 생각한다. 어떻게 자기 생각을 그렇게 확신하는지 묻고 싶다. 어떻게 상대 생각을 그렇게 무시할 수 있는지 신기하다. 내가 생각하는 핵심 이유는 바로 교만이다. '자기 생각은 다 맞고 상대 생각은 다 틀리다'라는 교만이다. 난 묻고 싶다. 자기 생각이 그렇게 옳다고 생각하는 근거가 있는지, 상대 생각이 그렇게 틀리다는 것을 어떻게 증명하는지, 만의 하나라도 내 생각이 틀릴 수 있다는 생각을 해 본적은 있는지, 상대 생각에 일리가 있다는 생각을 해 본적은 있는지, 뭐든 치우친 건 위험하다. 좋지 않다. 과유불급이다.

이를 피하는 방법 중 하나는 다른 사람을 의심하는 대신 자기 생각을 의심하는 것이다. 내 생각이 틀릴 수 있다고 생각해 보는 것이다. 이를 증명할 방법이 있다. 지난 6개월 간 내 생각이 틀릴 수 있다는 경험을 한번이라도 했는가? 혹시 지난 10년간 그런 경험이 없는가? 그럼 틀림없이 당신은 교만한 사람이다.

강점이 약점이고 약점이 강점이다

모 회사는 자기 회사의 가장 큰 자산이자 부채를 회장님이라고 이야기한다. 회장님의 가장 큰 장점은 스피드이고 그 때문에 회사가 성장했지만, 한편으로는 그 스피드 때문에 다들 죽을 지경이라는 것이다.

약점이란 무엇일까? 강점의 반대말이 약점이 아니다. 내가 생각하는 약점은 지나친 강점이다. 강점이 지나치면 그게 바로 약점이다. 너무 빠른 의사 결정 덕분에 회사가 성장했지만, 바로 그 속도 때문에 문제도 생기고 직원들도 힘들어질 수 있다. 뭐든 지나치면 문제가 된다. 배려도 지나치면 불편하고 답답하다. 나를 사랑한다고 일거수일투족을 모두 알려고 하면 당사자는 숨이 막힐 수 있다. 소신도 지나치면 독불장군이 된다. 강점을 발전시키라는 말을 많이 한다. 맞는 말이다. 하지만 늘 지나친 것을 조심해야 한다. 어떤 약이든 약에는 언제나 부작용이 따른다는 사실을 잊어서는 안 된다.

먹지 말아야 할 것을 먹은 대가

표범이 새끼를 굴에 놔두고 사냥을 나갔다. 그 굴은 주변에 가시덤불이 많아 다른 동물의 접근이 힘든 곳이다.

그 사이 큰 뱀이 나타나 새끼를 한 입에 삼켰다. 사냥에서 돌아온 표범이 새끼를 찾았지만 발견하지 못하고 대신 몸이 불룩한 뱀을 발견했다. 본능적으로 뱀이 새끼를 잡아먹은 것을 눈치 챈 표범이 필사적으로 뱀을 공격했다. 가시덤불 속이라 표범에게는 쉽지 않은 일이지만 끈질기게 공격했다. 뱀은 몸 여기저기가 상처 나기 시작했지만 표범의 공격은 멈추지 않았다. 결국 뱀은 새끼를 다시 뱉어 냈고 그러자 표범이 공격을 멈추었다. 물론 새끼는 죽었다. 표범은 죽은 새끼를 물고 어디론가 떠난다. 아마 그 뱀은 살지 못할 것이다. 먹지 말아야 할 것을 먹은 대가를 톡톡히 치른 셈이다. 기업의 인수합병도 그렇다. 기업 중 자기보다 더 큰 기업을 먹었다 망하거나 힘들어진 기업들이 있다. 뭐든 과하면 안 된다.

피해야 할 성격 다섯 가지

『손자병법』에 나오는 피해야 할 다섯 가지 성격이 있다. 첫째, 필사가살(必死可殺)이다. 죽기를 각오하고 달려드는

경우 실제 죽을 수 있다. 여포의 별명은 '날아다니는 장수'
이다. 상대할 사람이 없었다. 결국 이 용감함 때문에 부하
에게 묶여서 죽임을 당했다. 둘째, 필생가로(必生可虜)이다.
어떻게든 살려고 하면 포로가 될 수 있다. 여기 붙었다 저
기 붙었다 하는 위인이다. 자기만 살려 하면 결국 자기도
죽고 상대도 죽는다. 셋째, 분속가모(忿速可侮)이다. 쉽게 성
을 내면 모욕을 당한다는 것이다. 장비가 그렇다. 관우가
죽었을 때 병력을 이끌고 가면서 범강과 장달에게 흰옷
과 흰 깃발을 사흘 만에 만들라는 무리한 요구를 했다. 불
가능하다고 말하자 화를 내면서 두 장수를 묶어 때렸다가
결국 두 장수에 의해 죽는다. 넷째, 염결가욕(廉潔可辱)이다.
지나치게 깨끗하면 욕됨을 당할 수 있다는 것이다. 다섯
째, 애민가번(愛民可煩)이다. 부하나 사람을 너무 사랑하면
번민이 있을 수 있다는 말이다.

핵심 메시지는 바로 지나침이다. 과유불급은 그래서 진
리 중 진리이다.

제품 대신 작품?

텔레비전 리모컨을 볼 때마다 난 의문점이 생긴다. 저렇게 많은 버튼 중 내가 쓰는 건 몇 개 되지 않는다. 채널과 음향과 넷플릭스를 누르는 버튼뿐이다. 나머지는 전혀 사용하지 않는다. 어떤 리모컨은 하도 복잡해 어떤 걸 눌러야 텔레비전이 켜지는지 알기 어려운 것도 있다. 자동차도 그렇다. 풀옵션인 차를 샀는데 거의 사용하지 않고 오로지 시동 켜고, 가고 서고의 옵션만을 사용한다. 물론 내가 정상은 아니다. 지나치게 기계에 무관심한 사람이다. 하지만 왜 제품을 그리 복잡하게 만드는 것일까? 이게 제품일까, 아니면 작품일까? 그런데 그게 나만의 생각이 아니란 걸 김현철 교수의 『어떻게 돌파할 것인가』라는 책에서 발견했다. 그의 말을 조금 인용한다.

장인정신도 지나치면 안 된다. 그 중 하나가 과잉품질이다. 제품이 아니라 작품이 되어버린다. 물론 이런 작품을 원하는 고객도 있지만 저성장기가 되면 이걸 원하는 고객은 적어진다. 대부분 값싸고 실용적인 제품을 원한다. 과잉기능도 문제다. 고객의 요구를 받아들여 모든 기능을 우겨 넣는다. (중략) 과잉진화도 문제다. 휴대전화가 그렇다. 전자산업의 강자 일본은 고객의 요구에 맞춰 과잉 진화하다 보니 일본 내에서 세분화된 시장에만 맞는 물건이 됐고 그 사이 삼성과 애플이 세계시장을 먹어버렸다.

뭐든 지나치면 안 된다.

기술의 과잉

살다 보면 기술발전에 대해 회의를 느낄 때가 있다. 엘리베이터를 탈 때 밖에서 가고 싶은 층수를 누르는 것이 그렇다. 왜 밖에서 층수를 눌러야 하는지, 그게 안에서 누르는 것에 비해 어떤 효용성이 있는지 묻고 싶다. 아직 거기에 대한 속 시원한 답을 들은 적이 없다.

우리 집 텔레비전은 너무 복잡하다. 수많은 기능이 있지만 그 기능의 10퍼센트도 쓰지 않는다. 그런데 정작 가장 중요한 온오프 기능이 잘 작동하지 않는다. 한 번에 켜지지 않고 두 세 번은 켰다 껐다를 반복해야 한다. 산지 일 년이 넘었지만 지금도 난 정확한 메커니즘을 모른다.

차의 내비게이션도 그렇다. 익숙한 길에서는 그걸 사용하고 싶지 않고 특히 밤에는 눈이 부셔 그걸 끄고 싶지만 끌 수가 없다. 정비소 사람에게도 끄는 방법을 물어봤는데 방법이 없단다. 시동을 끄고 음악을 듣고 싶은데 시동을 켜야만 음악을 들을 수 있다는 이야기도 들었다.

도대체 누구를 위한 기술인가?

지나친 관심

박완서는 눈독과 손독에 대해서 재미난 생각을 한다. '어린 시절 분꽃은 어느 틈에 피는지 모르게 해 지기 전 피기 시작했다. 시계가 따로 없는 촌에서는 분꽃 봉오리가 벙싯해질 무렵이면 딴 일손을 놓고 보리방아를 찧기 시작했는데 꼭 분꽃이 보리방아 소리 때문에 피는 것처럼 보였다. 잔뜩 눈독을 들이고 있는 동안에는 절대 피지 않았는데 참을성이 부족했던 나는 꽃봉오리를 억지로 벌렸지만 허사였고 그랬던 꽃은 여지없이 죽고 만 것이다. 꽃은 어느 틈에 피는 것이다. 손독이나 눈독이 들면 제대로 필

수 없는 것이다.'

사람도 너무 눈독이나 손독이 들면 아무리 좋은 자질을 가지고 태어나도 제대로 꽃피기 어렵다. 내적인 중요한 변화나 정신의 성장은 어느 틈에 일어나는 것이지 계획적으로 되는 것도, 지속적인 간섭으로 되는 것도 아니다. 뭐든 지나치면 좋지 않다. 금메달을 기대했던 선수는 메달 획득에 실패하고 엉뚱한 사람이 메달을 따는 것도 따지고 보면 지나친 관심 때문이다.

건강에 가장 해로운 것

건강에 제일 해로운 것이 뭐라고 생각하는가? 건강에 대해 지나치게 걱정하는 것이다. 주변에 그런 사람들이 제법 있다. 운동도 하지 않고 식사도 조절하지 않고 오로지 건강에 대해 걱정하고 검진에 목숨을 건다. 그 사람이 건강을 위해 하는 유일한 건 걱정과 검진이다. 난 그런 사람을 볼 때마다 의구심이 생긴다. 저런다고 건강이 좋아질까? 그렇게 건강해지고 싶으면 건강에 좋은 운동이나 식사조절을 하지 왜 저렇게 검진에 집착할까? 그 사람을 보면 다양한 게 연상된다. 아이 공부를 대신해 주면서 아이 성적이 오르기를 기대하는 부모, 하루에도 수십 번 통장을 확인하면서 잔고가 늘기를 기대하는 사람, 남이 운동하는 걸 보면서 자신이 건강해질 걸로 착각하는 사람 등이다.

세상에 공짜 점심은 없다. 건강해지고 싶으면 식사를 조절하고, 잠을 잘 자고, 운동을 하면 된다. 검진을 자주 받는다고 건강해지는 건 아니다. 검진은 건강과 별 상관이 없는 행위이다. 검진에서 이상이 없다는 건 아직 병에 걸리지 않았다는 것을 증명하는 것이지 건강하다는 증명은 아니다.

절제하라

절제는 더 할 수 있지만 이제 그만하라고 자신에게 명령하는 것이다. 자기 그릇을 알고 분수껏 행동하는 것, 자기 그릇 사이즈에 맞게 행동하는 것을 말한다.

반대로 행동하면 어떨까? 능력 없는 사람이 어울리지 않게 높은 자리에 앉으려 하고, 정말 능력 있는 사람들은 그런 자리를 마다한다면 어떨까? 현재 대한민국이 그렇다. 능력 없는 사람이 높은 자리에 앉으면 우선 본인에게 불행이다. 가만히 있으면 중간은 갈 수 있는데 괜히 나섰다 밑천을 다 보여주고 망신만 당하기 때문이다. 다음으로는 조직이 불행하다. 능력 없는 높은 사람이 끼치는 해악은 이루 말할 수 없다. 조직 전체를 퇴보시키기 때문이다. 그런 사람은 그저 조용히 있어 주는 게 도와주는 것이다. 본인도 좋고 사회에도 좋다. 그래서 성철 스님은 수좌오계(首座五戒)로 경고했다. "많이 먹지 마라. 많이 돌아다니지 마라. 많이 말하지 마라. 잠 적게 자라. 문자에 빠지지 마라."

재여부재(材與不材)

너무 돈이 많은 것, 너무 가난한 것 둘 다 좋지 않다. 돈도 적당히 있는 게 좋다. 너무 유명한 것, 너무 이름이 없는 것 역시 별로다. 뭐든 지나치면 좋지 않다. 그럼 어쩌란 말인가?

장자가 주장한 재여부재(材與不材)가 해법이 될 수 있다. 쓸모 있음과 쓸모없음의 사이에 처하라는 말이다. 그는 이런 일화로 재여부재를 설명한다. 산길 옆 큰 나무를 나무꾼이 거들떠보지도 않고 지나간다. 옹이가 많아 재목으로 적합하지 않기 때문이다. 친구 집에 묵었는데 주인이 오리를 잡아왔다. 그런데 잘 우는 놈 대신 울지 못하는 놈을 잡았다. 쓸모가 없기 때문이다. 나무는 쓸모가 없기 때문에 살아남았고 오리는 쓸모가 없어 죽었다.

박중훈이란 배우는 늘 일류 대신 이류를 지향한다고 한다. 덕분에 장수한다. 난 최고의 베스트셀러 작가가 되고 싶었는데 그건 이루지 못했다. 그러나 그 덕분에 20년 가까이 생존하지 않았나 싶다. 너무 잘 나도 문제, 너무 못나도 문제이니 참 세상 사는 일이 만만치 않다.

제발 입 좀 다물어라

사람들이 당신 앞에서 말하지 않는 이유가 뭐라고 생각하는가? 당신이 잠시도 입을 다물지 않기 때문이다. 당신이 하도 많은 말을 쏟아내니 나까지 보탤 건 없다고 생각해 입을 열지 않는 것이다. 입을 다물라. 제발 말 좀 그만하라. 입을 다물어야 귀가 열리고 귀가 열려야 지혜의 문이 열린다.

오랫동안 학생들을 가르쳤던 대형학원 원장이 턱 수술을 하는 바람에 2주정도 말을 하지 못하게 되었다. 음식은 액체로 된 것만 마시고, 소통은 눈빛과 필담으로만 했다. 그런 상태에서 그를 만나 자문을 하게 된 난 처음엔 답답함을 느꼈다. 나는 말을 하고, 그분은 말을 하지 못하니 당연한 일이다. 하지만 의외로 커뮤니케이션에 문제가 없었다. 오히려 눈을 많이 보게 되었는데 눈이 참 많은 메시지를 전한다는 느낌을 받았다. 말을 못해서인지 영혼이 맑아진 것 같다고 느꼈다. 그분은 입이 막힌 대신 귀가 뚫린 것이다.

우리는 입을 계속 열고 있느라 귀가 닫혀 있는 경우가 많다. "나는 점점 할 말이 적어지게 되었고, 마침내 침묵

하게 되었으며, 귀 기울여 듣게 되었다. 나는 침묵 속에서 하느님 음성을 발견했다." 키에르케고르의 말이다.

스마트폰 보는 시간 좀 줄여라

아이나 어른이나 모두 스마트폰에 파묻혀 산다. 거기에 도대체 뭐가 있다고 하루 종일 그걸 보고 있는가? 거기 빠져 있는 사람의 얼굴은 전혀 행복하지 않다. 다 정신이 나간 좀비의 표정을 하고 있다. 지금처럼 수많은 시간을 스마트폰에 쓴다면 몸은 물론 마음도 망가질 것이다. 목 디스크는 물론 정신질환도 늘어날 것이다. "정신질환은 정보혁명과 같이 급증해 왔다. 미국인구의 1/5 인 4,000만 명의 사람이 여러 정신질환으로 치료를 받고 있다. 경찰관 숫자보다 정신치료에 종사하는 사람이 많을 지경이다." 뉴욕대학의 정신의학과 레오폴드 벨라 교수의 말이다.

우리는 매일 정보 과부하와 이로 인한 정서적 오염을 경험한다. 우리는 쓸데없는 정보, 알 필요가 전혀 없는 정보, 알수록 해가 되는 정보를 너무 많이 소비하고 있다. 우리 뇌는 일정양의 정보만을 사용할 수 있도록 설계되어 있다. 정보가 너무 많이 들어오면 신경을 꺼서 정보의 일부 혹은 전부를 여과해 버린다. 갈수록 삶이 척박해지는 최고의 이유 중 하나는 바로 넘치는 정보 때문이다. 제발 스마트폰을 멀리 하라. 꼭 필요할 때만 제외하고는 하늘 좀 보고 살아라. 차라리 눈을 감고 명상을 하라.

남의 말을 너무 듣지 마라

누가 무엇인가를 하려 할 때면 꼭 참견하는 사람들이 있기 마련이다. "나쁜 말은 하고 싶지 않지만 그런 일은 그만두는 게 나아." 라는 것이 그네들의 상투적인 말이다. 일의 본질을 이해해서가 아니라 그저 무턱대고 말릴 뿐이다.

가령 당신이 지금 프로 야구팀 투수라고 생각해 보자. 2대 0으로 이기고 있는 시합의 9회 말, 상대방 공격, 2사 2, 3루에 4번 타자와 대치 중이다. 감독과 포수는 거르라는 사인을 내고 당신도 그게 좋겠다고 생각한다. 그때 스탠드 쪽에서 어느 술주정뱅이가 정면 대결하라고 큰 소리로 고함을 지르고 있다면 그 말대로 정면대결을 할 것인가? 정면 대결했다가 얻어맞으면 어떻게 할 건가? 감독이나 포수가 정면 대결하라는 사인을 보냈거나 스스로 정면 대결하고 싶어 공을 던졌다 얻어맞으면 이야기는 달라진다. 단순히 외야에서 하는 말을 듣고 그대로 따랐다가 결과가 좋지 않아도 밖에 있는 사람들은 책임지지 않는다. 늘 당신이 결정해야 한다.

12장

태도가 전부다

농부의 근면성

밀농사를 짓는 민족과 쌀농사를 짓는 민족 사이에는 커다란 문화적 차이가 있다는 이야기를 들은 적이 있다. 쌀농사는 손이 많이 간다. 일찍 일어나 매일 살펴야 한다. 물길이 제대로 됐는지, 잡초는 없는지, 가물지는 않는지 등등…. 그래서 벼는 농부의 발자국 소리를 듣고 자란다는 말까지 생겼다. 밀농사는 다르다. 일단 뿌려 놓으면 알아서 자라기 때문이다. 그래서 쌀농사를 짓는 한국이나 일본이나 베트남 사람들은 태생적으로 부지런하다. 그래서인지 난 일찍 일어나 중요한 일은 모두 새벽에 해치운다. 성실한 사람을 보면 호감이 생긴다. 제한적이긴 하지만 통영사람들 중 부지런한 사람들이 있다.

자기계발 저자인 공병호 박사가 대표적이다. 새벽 세 시면 공판장에 나가는 아버지를 보고 자랐기 때문에 부지런함이 몸에 배었다는 것이다. 또 다른 사람은 소나무 사진으로 유명한 배병우다. 농사보다 더 부지런해야 좋은 사진을 찍을 수 있다는 것이다. 30년을 하루도 빠짐없이 새벽에 일어났는데 덕분에 좋은 사진을 찍을 수 있었다는 것이다. "난 스무 살 때부터 사진을 찍기 시작했다. 그때부터 항상 새벽녘에 촬영을 했다. 이른 아침 숲을 향하는 것은, 해 뜨기 전 안개와 섞인 광선의 미묘한 느낌을 표현할 수가 있어서다. 해뜨기 전이나 해질 즈음 광선의 섬세하고 미묘한 맛이 좋다. 그래서 늘 동트기 전에 일어나 하루를 준비한다." 그의 말이다.

성공한 사람들의 일곱 가지 태도

첫째, 일은 선택할 수 없어도 일을 대하는 태도는 선택할 수 있다. 둘째, 똑같은 방식으로 일하기보다 끊임없이 새로운 방법을 찾는다. 셋째, 환경을 탓하지 않고 환경을 만들어낸다. 넷째, 누군가를 위해서가 아니라 자신을 위해서 일한다고 생각한다. 다섯째, 하기 싫은 일이라도 목표 달성에 필요하다고 생각하면 기꺼이 한다. 여섯째, 일의 결과나 보상보다는 일 자체를 좋아하고 즐긴다. 일곱 번째, 받는 만큼 일하기보다는 보수 이상으로 일한다. 이 민규의 『1퍼센트만 바꿔도 인생이 바뀐다』는 책에 나오는 대목이다. 생각할수록 옳은 말이고 씹어볼 가치가 있다.

대부분 사람들은 이와 반대로 한다. 입을 쭉 내밀고 기존 방식대로 일하고, 환경을 탓하면서 마치 남을 위해 일한다고 생각하고, 하기 싫은 일은 기피하고, 딱 받는 만큼 일한다. 그래서 성공한 사람이 적은 것 같다.

같은 일을 해도 이렇게 다를 수가

난 책을 읽는 것 못지않게 책을 읽은 후가 중요하다고 생각한다. 특히 주요 부분은 필사할 것을 권한다.

중소기업을 운영하는 조 회장 역시 책 읽는 걸 좋아한다. 줄을 치고 여기저기 접으면서 열심히 독서를 하고 자신이 줄 친 부분을 비서에게 필사를 시키곤 했다. 일년 반쯤 지나자 그 비서가 회사를 그만두겠다고 했다. 이유를 물어보자 책을 필사하면서 배우는 게 너무 많았고 좀 더 본격적으로 공부를 하고 싶다는 것이다. 책을 읽은 사람보다 읽은 책을 필사한 사람이 더 변한 것이다. 이게 필사의 힘이다. 다음에 온 비서에게도 같은 일을 시켰다. 그런데 그 친구 역시 6개월 만에 그만두겠다는 것이다. 자기가 이런 사소한 일이나 하려고 여기 온 것은 아니란 이유이다. 그녀 역시 필사를 했지만 별다른 걸 느끼지 못한 것이다. 이런 걸 보면 같은 일도 사람에 따라 이렇게 차이가 큰 것이다.

너와 나를 구분하는 것

아이들은 너와 나를 구분하지 않는다. 그래서 쉽게 친해진다. 많이 가졌거나 높이 올라갈수록 사람들은 쉽게 친해지지 못한다. 너와 나를 구분하는 높은 담이 중간을 가로막고 있기 때문이다. 자신을 과대평가하고 자신을 대단한 사람으로 생각하기 때문이다. 나이를 먹어 죽을 날이 가까워오면 그 담은 다시 낮아진다. 그때가 되면 내가 가진 것, 내가 아는 것, 나란 존재가 별거 아니란 사실을 다시 깨닫는다.

　살면서 담이 없을 수는 없다. 담이 있어야 한다. 너와 나를 구분해야 한다. 하지만 담이 있는 것과 그 담이 높은 것은 다른 이야기다. 내가 원하는 담은 나지막한 담이다. 담은 있지만 서로가 서로를 볼 수 있고 이야기를 나눌 수 있는 담이다. 너와 나를 구분하지만 너와 나를 구분하지 않는 담, 있지만 없는 것 같은 담, 구분이 애매모호한 경계 같은 담이다. 좋은 담이 좋은 이웃을 만든다.

열등한 개인이란?

　열등한 개인은 어떤 사람일까? 내가 생각하는 열등한 개인의 정의는 자기보다 나은 사람을 인정하지 않는 사람들이다. 이런 사람들은 자신이 세상에서 제일 잘 낫다고 생각한다. 자기보다 우수한 사람이 있다는 자체를 견디지 못한다. 당연히 남 잘되는 꼴을 보지 못한다. 다른 사람의 장점보다는 단점을 찾는데 혈안이 되어 있다. 사촌이 땅을 사면 배가 아픈 사람들이다. 이런 사람으로 가득한 조직에는 미래가 없다. 일단 우수한 사람들이 들어올 수 없다. 들어와도 이들의 시기와 질투를 견딜 재간이 없다. 당연히 고만고만한 사람으로 차고 넘친다. 내부끼리 경쟁하느라 외부 변화를 눈치 채지 못하고 그러다 어느 날 한 방에 훅 간다.

쾌활함을 위해

"수행자는 무엇보다 안팎으로 밝게 살아야 한다. 그래야만 그 밝음이 이웃에게 그대로 전해진다. 만약 수행자가 어둡고 음울하다면 그 어둡고 음울함을 털어버리는 일을 제1과제로 삼아야 한다. 수행자는 앞뒤가 훤칠하게 툭툭 터져야 한다. 그래야 그 안에 티끌이 쌓이지 않는다.

그 맑고 투명함이 이웃에게 그대로 비춘다.

사람은 이 세상에 올 때 하나의 씨앗을 지니고 온다. 그 씨앗을 제대로 움트게 하려면 자신에게 알맞은 땅을 만나야 한다. 당신은 지금 어떤 땅에서 어떤 삶을 이루고 있는지 순간순간 물어야 한다." 법정의 말이다.

짜증은 별다른 노력 없이 아무나 할 수 있는 일이다. 자신을 방치하면 짜증스러운 사람이 된다. 쾌활은 다르다. 쾌활은 노력과 훈련의 산물이다. 짜증은 누구나 낼 수 있지만 쾌활은 고수만이 낼 수 있다.

부불삼대(富不三代)

요즘 재벌 2, 3세들의 활약이 두드러진다. 거기엔 두 종류가 있다. 이어받은 가업을 더욱 번창시키는 부류와 이를 밑천 삼아 온갖 교만을 부리는 부류이다. 부모를 잘 만나 젊은 나이에 임원이 된 것이 큰 자랑인양 목불인견(目不忍見)의 행위를 하는 사람들이다. 땅콩회항 사건도 있었고, 운전기사를 마치 종처럼 부렸던 일도 있었다. 나 역시 심심치 않게 그런 사람을 만났다. 그들은 거의 아버지뻘 되는 사람에게 반말하고, 사람들 앞에서 면박을 주곤 했다. 목구멍이 포도청이라 당사자 앞에선 별 이야기를 하지 않았지만 우리끼리 있는 자리는 주로 그런 사람의 성토장이 되곤 했다. 물론 지금은 그 회사도, 그 사람도 사라졌다.

"빈천은 근검을 낳고 근검은 부귀를 낳는다. 부귀는 교만과 사치를 낳고, 교만과 사치는 음일(淫佚)을 낳고 음일은 빈천을 낳는다. 결국 돌고 도는 것이다."『귀심요람』이란 책에 나온 말이다. 그래서 부가 3대를 가지 못한다는 부불삼대란 말이 나온 것 같다.

태도가 전부다

모 회사 임원과 코칭을 하기로 했다가 전체 일정을 취소한 적이 있다. 관련자들의 불친절과 커뮤니케이션 불편 때문이다. 코칭 전에는 부하직원들과 전화 인터뷰가 있다. 상사에 대해 어떤 느낌을 갖고 있는지를 알기 위한 프로세스이다. 내가 먼저 통화가 가능한지 문자를 넣었다.

'가능합니다'라고 답이 왔다. 가능하면 자신이 전화를 하면 되는 거 아닌가? 뭔가 이상했다. 아니나 다를까. 목소리부터 완전 권위적이다. 귀찮아하는 기색이 역력했다. 질문에 대한 답도 단답형이다. 상사가 어떤 분이냐는 질문에 그냥 좋은 분이라고 한다. 대화가 이어지지 않았다. 나중엔 짜증 섞인 목소리로 왜 이런 일을 하느냐며 타박을 했다. 기분이 상했다.

다음에는 비서와 날짜를 잡으려는데 자신은 잡을 수 없다는 것이다. 상무님 스케줄이 워낙 오락가락 한다는 것이다. 어렵게 통화할 시간을 간신히 잡았는데 결국 그 시간에 전화는 오지 않았다. 점심때쯤 상무와 통화를 하기로 했는데 저녁이 다 되어서 전화가 왔다. 물론 미안하단 말도 없었다. 난 그런 사람을 코칭할 자신이 없어 포기했다.

태도가 전부이다. 전화하는 태도, 말하는 태도를 보면 그 사람이 어떤 사람인지, 그 조직이 어떤 조직인지를 알 수 있다.

What to be 대신 What to do

다트머스대학 총장을 거쳐 세계은행총재가 된 김용은 9살 때 무슨 일을 하고 싶느냐는 질문에 '세상의 불평등을 없애겠다'고 다짐한다. 될성싶은 나무는 떡잎부터 다른 것이다. 아버지는 실력을 중시하고 어머니는 그에게 늘 위대한 것에 도전할 것을 주문했다. 덕분에 의료봉사를 열심히 했고 뜻하지 않게 지금 자리에 오른 것이다. 그는 늘 무엇이 될 것인지(What to be) 생각하지 말고 무엇을 할 것인지(What to do) 생각하라고 주문한다. 한 번도 어떤 자리에 오르거나 어떤 사람이 될 것인가에 관심을 두지 않았다. 늘 내가 무엇을 해야 하나에 관심을 두었다.

우리는 어떤가? 무엇을 할 것인지는 별 관심이 없다. 대신 변호사가 되겠다, 국회의원이 되겠다 고민하고 자리를 위해 목숨을 건다. 그 자리에 오른 다음에도 무엇을 할 것인지에는 생각하지 않는다. 여의도에 있는 사람들을 볼 때마다 드는 생각이다.

즐거운 짐, 가족

등산을 할 때 맨몸으로 가는 것보다 적당한 무게의 배낭을 메고 산을 오르는 것이 낫다. 배낭이 몸의 균형을 잡아주기 때문이다. 삶의 짐도 그렇다. 세상에 짐 없는 사람은 없다. 그런데 다들 자기 짐이 제일 무겁다고 착각한다.

짐이란 내게 어떤 존재일까? 짐이 없이 홀가분한 것은 좋고, 무거운 짐은 나쁜 것일까? 세상에 좋고 나쁜 건 없다. 다 생각하기 나름이다. 너무 과도한 짐은 삶에 장애가 되지만 적당한 짐은 삶의 필수조건이다. 만약 아무 짐이 없다면 그 삶은 정상궤도를 벗어나기 쉽다. 나쁜 짓을 하려다가도 부모님 얼굴이 아른거려 하지 않고, 하기 싫은 직장생활도 자식들 얼굴이 떠올라 하는 것이 우리 삶이다.

그동안 내가 가진 짐이 늘 무겁고 벗어버리고 싶다는 생각을 했다. 하지만 지금은 그렇지 않다. 짐 덕분에 내가 이 정도 산다고 생각한다. 부모님이라는, 가족이라는 짐은 평생 지고 가고 싶다. 가족은 즐거운 짐이다.

조심해야 할 사람들

가지고 싶은 것은 한없이 많은데 아무것도 하고 싶어 하지 않는 사람, 뭔가를 바라지만 아무것도 주고 싶지 않은 사람, 남의 것은 물 쓰듯 쓰려 하지만 자기 것은 너무나 아까워하는 사람, 자신 외에는 아무 관심이 없는 사람, 강한 사람 앞에서는 약하고 약한 사람 앞에서는 강한 사람, 무지하지만 확신에 차 있는 사람, 자신 외에는 다 도둑놈이라고 생각하는 사람, 흘러간 옛 노래만을 쉼 없이 부르는 사람, 부모를 위해서는 아무것도 안 하지만 부모 모시는 이를 끊임없이 비판하는 사람, 아무것도 안 하다 남이 뭔가를 하면 안 되는 천 가지 이유를 조리 있게 대는 사람, 국민을 위한다면서 실은 자신만을 위하는 사람, 말과 행동이 완벽하게 다른 사람, 남과 자신을 재는 잣대가 확실하게 다른 사람 등등….

이런 사람을 조심해야 한다.

불평하면 불평할 일이 생긴다

까칠한 것을 브랜드로 하는 사람들이 있다. 늘 불평불만을 달고 산다. 택시기사도 맘에 들지 않고, 아파트 경비도 짜증나게 하고, 남편도 아이들도 마음에 드는 구석이 없다. 심지어 맛집에서 음식을 먹을 때도 칭찬하는 법이 없다. 꼭 시빗거리 하나를 발견한다. 맛이 있으면 양이 적다고 하고, 둘 다 괜찮으면 직원이 친절하지 않다고 한다. 그는 불평을 하면서 은근히 그런 자신에게 자부심을 느끼는 것 같다. 남들이 발견하지 못한 것을 자신만 발견하고, 남들이 느끼지 못하는 것을 자신만 느낀다고 여기는 것 같다. 그래서인지 그런 사람에겐 불평할 일이 자주 발생한다. 여러 명이 같이 가도 꼭 그 사람 음식에서만 머리카락이 발견되고, 같은 자리에 앉아도 그 사람이 앉은 의자만 흔들거린다. 직원이 물을 쏟아도 그 사람에게만 쏟는다. 심지어 콘도에 놀러 가도 그 사람이 묵은 콘도에만 텔레비전이 안 나오든지 에어컨이 작동하지 않는다.

나는 둘 사이에 상관관계가 있다고 생각한다. 세상을 어떻게 바라보느냐, 주로 어떤 말을 하느냐에 따라 세상은 그렇게 움직이는 것이다. 여러분이 보는 세상은 어떤가?

막무가내와 무지막지?

난 무리한 것, 무모한 걸 좋아하지 않는다. 불가능은 없다. 뭐든 도전하면 다 된다는 말에도 동의하지 않는 편이다. 이런 말의 대표는 막무가내와 무지막지이다.

막무가내(莫無可奈)는 앞뒤 따지지 않고 무대포로 뭔가를 요구하는 사람에게 쓰는 말이다. 순수 한글이 아닌 순수 한자이다. 없을 막(莫), 없을 무(無), 가능할 가(可), 어찌 내(奈)로 이루어져 있다. 가능하다는 말 앞에 없다는 부정의 말을 두 번 반복했다. 이중부정이다. 이중부정은 긍정이니 가능하지 않은 건 없다는 뜻이다. 가능하지 않은 건 없다고 생각해 마구잡이로 들이대는 것을 말한다. 비슷한 말 무지막지(無知莫知) 역시 한자말이다. 알 지(知) 앞에 없을 무(無)와 없을 막(莫)을 이중으로 사용했다. 남의 사정은 아랑곳하지 않고 거칠게 뭔가를 요구할 때 쓰는 말이다. 이 말을 들으면 "나 몰라라, 그건 내 알 바 아니고, 배 째라." 같은 말이 연상된다.

때론 이런 태도가 필요할지는 모르지만 나같이 소심한 사람에겐 절대 어울리지 않는 단어이다. 또 이런 사람들도 난 경계하는 편이다.

친절은 내 종교

오래 전 일이다. 해외를 가느라 새벽 인천공항 가는 버스를 탔다. 그런데 앞에 탄 아저씨는 우리 돈이 없다면서 100달러짜리를 받을 수 없냐고 사정을 한다. 화가 난 기사는 그럴 수 없으니 은행가서 돈을 바꾸든지 내리라고 호통을 치는 것이다. 그 분은 비행기 시간 때문에 그럴 수 없다고 사정했지만 기사는 봐주질 않는다. 난감한 상황이다. 보다 못한 내가 그 분 대신 돈을 내 주었다. 만 원쯤 되었던 거 같다. 그 분은 고마워했고 나 역시 돈 만원에 뭔가를 한 것 같아 기분이 뿌듯했다. 그분은 자꾸 연락처를 가르쳐 달라고 조른다. 괜찮다고 여러 번 이야기를 했는데 끈질기게 연락처를 달라는 것이다. 할 수 없이 명함을 드렸고 그 일을 잊고 있었는데 어느 날 모르는 사람으로부터 선물꾸러미 한 개가 도착했다. 안을 보니 고급 손수건 두 장과 편지가 들어 있었다. 본인을 소개하고, 이어 그날 버스에서 당황했는데 만 원 덕분에 무사히 여행을 마쳤다는 내용인데 대단한 건 아니지만 받아 달라는 것이다. 그 편지 덕분에 그날은 참으로 빛난 하루가 되었다. 별거 아닌 친절과 그 친절에 대한 감사의 마음이 내 가슴을 훈훈하게 했다.

친절은 남을 위한 게 아니다. 바로 자신을 위한 것이다. 내가 버스 안에서 낯선 사람에게 만 원을 낸 건 그 사람을 위해서이기도 하지만 사실은 나를 위한 것이다. 만약 그 상황을 방치한 채 그 자리에 앉아 있었다면 얼마나 마음이 불편했을까? 지금 생각하니 난 만 원으로 마음의 평화를 산 것이다.

짜증나는 세상에 왜 친절해야 하느냐고 누군가 묻는다면 난 그게 내게 유익하기 때문이라고 답할 것이다. 친절이 그렇다. 친절을 베풀면 그 순간 마음이 안정되고 평화로운 기분을 느낄 수 있다. 친절을 베푸는 건 운동을 하는 것과 같다. 아니 운동보다 낫다. 운동은 과정 중에는 불편하지만 이후가 행복하다. 친절은 과정도 즐겁고 이후도 행복하다. 구구절절 옳은 소리를 하는 무뚝뚝한 사람보다 친절하게 웃음짓고 다정한 사람이 난 더 좋다. 친절은 그 자체로 가치가 있다. 달라이 라마처럼 내 종교는 바로 친절이다.

인사해라

냉동회사 여직원 하나가 퇴근 무렵 뭔가 확인할 게 있어 냉동실에 들어갔다 문이 닫히는 바람에 갇히게 됐다. 안에서는 어떻게 할 방법은 없고 시간은 자꾸 흘러갔다. 아무리 소리를 질러도 밖까지 전해지지 않았다. 점점 추워지면서 그 직원은 죽음을 생각하게 된다. 그 순간, 문이 열리면서 경비아저씨가 들어왔다. 기적 같은 일이다. 어떻게 된 일일까? 경비란 별 존재감이 없는 사람이다. 다른 직원들은 데면데면하게 경비를 대했지만 그 여직원은 아침저녁으로 경비에게 인사를 열심히 했다. 그날 저녁 여직원이 퇴근하는 걸 보지 못한 경비는 이상한 생각에 순찰을 돌다 냉동 창고의 문을 열어본 것이고 덕분에 그녀는 목숨을 구할 수 있었다. 작은 인사의 습관이 한 사람의 소중한 목숨을 구한 것이다.

인사는 별것 아닌 것 같지만 한 사람의 존재를 인정하고 내 존재를 인정받는 성스러운 행위다. 나갈 때와 들어올 때 꼭 인사를 하라. 누군가를 만나면 목례라도 하라. 인사를 통해 서로의 존재를 확인하고 서로를 소중하게 생각하라.

일희일비하지 마라

고수와 하수를 구분하는 방법 중 하나는 감정 기복이다. 하수일수록 일희일비하고 감정 기복이 심하고 고수는 그렇지 않다. 성숙할수록 일관성이 있고 쉽게 흔들리지 않는다. 거의 화를 내지 않는다.

미국 메이저리그에 속한 선수와 마이너리그에 속한 선수의 차이는 하늘과 땅 차이다. 극소수의 선수만이 메이저에서 뛰고 나머지는 그저 그런 상태로 선수생활을 마감한다. 하지만 실력은 종이 한 장 차이인데 가장 중요한 건 감정 기복이다. 일류 선수는 슬럼프에 빠지거나 1군 선발에서 제외되더라고 감정을 드러내지 않는다. 속이 상해도 내색하지 않고 평정을 유지한다. 이치로가 대표적이다. 그는 담담한 태도로 유명하다. 삼진을 당해도 태연하고, 홈런을 쳐도 신난다는 포즈를 취하지 않는다. 경기에 집중할 뿐 경기 결과에 일희일비하지 않는다.

말을 할 때와 하지 말아야 할 때

줄 때는 말이 필요 없다. 귀한 선물을 주면서 그것에 대해 설명하면 가치가 오히려 떨어진다. 주는 것 그 자체가 많은 말을 이미 하고 있다. 하지만 받을 때는 말해야 한다. 속으로만 고마움을 표시하는 것은 아무 소용이 없다. 준 사람은 알 도리가 없다. 받고 아무 표시를 하지 않으면 준 사람은 오해할 수 있다. 준 사람을 화나게 할 수도 있다. 그래서 받을 때는 적극적으로 고마움을 표시해야 한다. 줄 때는 그 사람만 알게 주어야 한다. 그게 예의다. 받은 사람은 준 사람에 대해 주변에 적극 알려야 한다. 준 사람이 쑥스러워 해도 알려야 한다. 그게 예의다. 받고 아무 이야기를 하는 것은 그 자체로 무례다.

지혜는 말을 할 때와 하지 말아야 할 때를 구분하는 것인데 그만큼 힘든 일이다.

13장

휴식

때로는 돌아가라

"Haste make waste" 서두르는 것이 낭비란 서양 격언이다. 서두르면 빨리 뭔가를 할 수 있을 것 같지만 사실은 아닌 경우가 더 많다. 급할수록 돌아가라는 것이다. 동양에도 비슷한 사자성어가 있다. 욕속부달(欲速不達), 욕교반졸(欲巧反拙)이 그것이다. 서두르면 도착할 수 없고 너무 잘 하려다 일을 망칠 수 있다는 말이다.

1960년대 호주의 데렉 클레이턴은 세계적인 마라톤 선수 중 하위권에 속하는 선수였다. 188센티미터의 키에 상대적으로 불리한 폐활량으로 장거리 선수로 부적합했다.

하지만 누구보다 열심히 연습했고 일주일에 250킬로미터씩 달렸다. 처음에는 효과가 있지만 한계에 부딪쳤다. 세계신기록보다 5분 이상 늦은 2시간 17분의 기록으로 경쟁이 되지 않았다. 아무리 열심히 해도 기록이 나아지지 않았다. 그러다 1967년 후쿠오카 마라톤 대회를 준비하던 중 부상을 당한다. 한 달 내내 연습을 못하고 쉬었던 그는 연습하는 셈 치고 대회에 출전했다. 그런데 놀라운 결과가 나왔다. 자신의 개인기록을 8분이나 단축하며 역사상 최초로 10분 벽을 깨고 우승한 것이다. 1969년 앤트워프 마라톤을 준비하다 다시 부상을 당해 할 수 없이 또 쉬다 참가한 마라톤 대회에서 개인기록이자 세계신기록을 깨고 2시간 8분 33초 만에 결승선을 통과한다. 그 기록은 이후 12년 동안 깨지지 않았다. 도대체 어떻게 된 일일까? 때로는 쉬는 것이 이기는 것이다.

강약 중강약

새벽마다 글을 쓴다. 중간 중간 밥도 먹고 음악도 듣고 스트레칭을 하면서 해도 5~6시간이 한계이다. 이후에는 운동을 하거나 산책을 하고 사람들을 만난다. 오후에는 글을 거의 쓰지 않는다.

내가 가장 중시하는 것은 리듬이다. 인생에는 강약 중 강약의 리듬이 필요하다. 빨리 갈 때가 있으면 천천히 갈 때가 있고, 일 할 때가 있으면 쉴 때가 있어야 한다. 머리 쓰는 일과 몸 쓰는 일도 섞어야 하고, 혼자 있는 시간과 사람들과 함께 있는 시간의 균형도 필요하다.

인생은 같은 속도로 뛰는 마라톤보다는 뛰다 걷다 쉬다를 반복하는 단거리 경기에 가깝다. 가장 위험한 것은 휴식 없이 일하는 일중독이다. 멈추는 능력의 상실이다. 가끔은 철저하게 고립시켜 철저하게 쉬어야 한다. 누구의 간섭도 받지 않고, 어떤 정보도 끼어들지 않는 정지 시간을 마련해야 한다. 완전히 플러그를 뽑고 식물처럼 쉬어야 한다. 식물처럼 쉴 수 있어야 활발하게 움직이는 동물이 될 수 있다.

인간은 리듬의 동물

월요병은 병이 아니다. 일의 완급이 조절되지 않을 때, 긴장과 완화의 리듬이 격변할 때 생기는 일종의 경고음이다. 월요병 극복을 위해서는 생리적 리듬을 잘 유지해야 한다. 주말에도 평일과 같은 시간에 일어나야 한다. 몸과 뇌를 무조건 무장해제 시키지 말고 적절한 자극과 즐거움을 갖게 해야 한다. 또 리듬감 있게 한 주를 시작해야 한다. 월요일은 특별한 경우가 아니면 조찬회의나 저녁 회식은 하지 않는 것이 좋다. 이흥식의『눈물은 남자를 살린다』에 나오는 대목이다. 난 동의한다.

직장인은 대부분 월요병에 시달린다. 나 역시 그랬다. 주중에 부족한 잠을 주말에 보충해야 한다는 강박관념이 있었다. 의도와는 달리 피곤이 풀리지 않았다. 오히려 더 피곤했다. 리듬이 깨졌기 때문이다. 자유롭게 생활하는 요즘은 요일을 의식하지 않고 산다. 주중이나 주말이나 차이가 없다. 피곤해도 비슷한 시간에 일어나 생활하는 게 좋다. 인간은 리듬의 동물이다.

불면증의 치료법

큰 애는 어린 시절 예민했다. 잠을 푹 못 자고 자다가 자주 깼다. 난 애를 육체적으로 힘들게 만들기로 했다. 잔디가 많은 공원에서 마음껏 뛰어 놀게 했고 난 멀찌감치 떨어져 애를 지켜봤다. 친구들이 많으면 더 잘 놀기 때문에 친구들도 같이 불러 놀게 했다. 서너 시간이 한계이다. 열심히 논 후 탕 안에 물을 가득 받아 놓고 같이 30분쯤 놀았다. 목욕을 한 후 밥을 주고 조명을 낮추었다. 결과는 대성공이었다. 그 날은 한 번도 중간에 깨지 않고 푹 잤다. 실컷 놀아 피곤하지, 기분 좋게 목욕했지, 배불리 먹었지 삼위일체가 된 것이다.

주변에 불면증으로 고생하는 사람들이 제법 있다. 내가 생각하는 불면증 원인 중 하나는 너무 편한 생활이다. 너무 움직이기 않기 때문이다. 불면증을 치료하는 최선의 방법은 몸을 힘들게 하는 것이다. 30킬로미터 행군을 한 후 불면증을 걱정하는 병사를 본 적은 없다. 몸이 힘들면 영혼이 평안하고, 몸이 편안하면 잠이 들지 못하는 거 아닐까?

몸을 만들고 유지하라

비만에 대한 미국인의 코드는 도피(checking out)이다. 즉, 힘든 현실을 피하기 위해 선택하는 방법 중 하나가 살을 찌우는 것이다. 미국인은 무모한 스트레스를 자청하는 선수다. 초능력을 발휘하려 한다. 하지만 실제 이를 수행하는 것은 힘들다. 그래서 무의식적으로 도피하려 한다. 목표를 달성하기 위해 애를 쓰는 것보다 목표를 달성하고 싶었는데 비만 때문에 그러지 못했다고 스스로를 자책하는 것이 낫기 때문에 택한 해결책이 비만이라는 것이다. 비만은 생존 경쟁을 피하는 방편이다. 싸우는 대신 살을 불림으로서 변명하기를 택한 것이다.

대표 사례가 고어 대통령이다. 그는 대통령 선거에 진후 2~3개월 후에 모습을 드러냈다. 하지만 예전의 모습이 아니었다. 덥수룩한 턱수염에 체중도 상당히 불어나 있었다. 선거 패배로 타격을 받은 나머지 도피했기 때문이다. 하지만 최근 기자회견을 열었는데 단정하고 날씬한 모습으로 다시 돌아왔다. 비만은 문제가 아니라 해결책이다.

정리 정돈하라

사람은 무너지는 순서가 있다. 일단 집안을 치우지 않는다. 설거지할 것, 치워야 할 물건으로 온 집안이 너저분하다. 다음은 몸을 씻지 않는다. 환경이 복잡하면 생각도 복잡하고 할 일을 하지 않고 자꾸 미루게 된다. 그러면서 조금씩 무너진다. 반대로 삶을 일으키려면 집안부터 치워야 한다. 환기를 시키고, 버릴 걸 버리고, 그때그때 정리정돈을 해야 한다. 관련해 글사세 멤버 중 한 사람이 쓴 글을 소개한다.

친정 엄마는 정리가 덜 끝난 우리 집에 오실 때마다 말씀하신다. "정리는 모든 삶의 기본이다. 정리는 버릴지 말지 결정하는 연습이고, 제자리에 놓는 습관은 루틴을 잡는 연습이다. 정리 잘하는 사람치고 삶이 망가지는 사람을 본 적이 없다. 사소한 정리를 못하는 사람은 그게 누적이 되어 인생의 큰 결정도 못하고 결국 네 큰 이모처럼 그렇게 삶이 무너지는 거다." 라고 말을 하신다.

친정 엄마의 바로 아래 여동생인 큰 이모는 참 기구한 인생을 살았다. 엄마는 어렸을 때부터 큰 이모가 정리하는 것을 보면 항상 맺고 끊음이 없는 성격이 드러난다고 했다. 큰 이모의 굴곡진 인생은 아들을 꼭 낳아야 한다고 강요하는 시어머니로부터 시작했다. 시어머니 강요 탓에 6년마다 한 번씩 딸 셋을 낳았고, 이모부의 보증으로 모든 돈을 날렸다. 첫째 딸과는 의절했고, 둘째 딸은 22살에 백혈병으로 죽었다. 이제는 셋째 딸만 데리고 지방으로 떠났다.

둘째 딸이 죽고 3개월 뒤, 엄마는 큰 이모네로 갔다. 엉망진창인 그 집을 3일 동안 치워주고는 엄마는 큰 이모를 붙잡고 "박복한 팔자가 너를 이렇게 만든 게 아니라, 네 스스로 박복한 팔자를 만들었다. 네 집을 봐라. 어디 정리가 된 데가 있니? 네 머릿속이 그런 거다. 뒤죽박죽 정리가 안 되어 있으니 머리가 늘 명쾌하지 않고, 인생의 중요한 순간마다 잘못된 결정들이 쌓여서 지금 네 삶이 된거다. 이제 하나 남은 막내딸이라도 지키려면 엄마라는 사명감으로 기를 쓰고 사소한 것부터 정리하는 습관을 들여야 한다."

음식을 가려 먹어라

지방에서 올라와 몇 년간 자취를 하면서 주로 편의점

음식만 먹다 몸이 망가진 사람 이야기를 들은 적이 있다. 햄버거만 몇 달 실험 삼아 먹다 죽음의 문턱까지 갔다 온 사람의 이야기도 들었다.

당신은 현재 어떤 음식을 먹고 있는가? 혹시 그 음식이 당신 몸에 어떤 영향을 주는지 생각하고 있는가? 만나는 사람, 하는 일, 그가 하는 생각 모두 중요하지만 그 못지않게 중요한 게 바로 그가 먹는 음식이다. 그가 먹는 게 곧 그 사람인 것이다. 절에서 먹지 못하게 하는 음식 중 오신채란 것이 있다. 마늘, 파, 달래, 부추, 홍거를 말하는데 아마 정력제로 딴 생각을 못하게 하기 위한 조치일 것이다. 그만큼 음식은 삶에 있어 결정적 역할을 한다. 그가 먹는 게 바로 그 사람이다. 그 사람이 먹는 걸 보면 그 사람이 어떤 사람인지 짐작할 수 있다. 채식만 하는 사람과 고기만 먹는 사람이 다른 건 당연한 일이다.

난 가능한 편의점 음식은 먹지 않는다. 배달음식도 자제한다. 고기는 최소한으로 먹는다. 과식을 했을 때의 불편함도 싫다. 맛있는 건 좋지만 양을 줄이려고 노력한다. 점심을 많이 먹은 날에는 저녁은 굶거나 점을 찍는 수준에서 하고 있다. 배부른 게 싫고 약간의 시장기가 느껴질 때 행복하다. 몸이 건강해야 생각도 건강해지는데, 건강에 결정적 역할을 하는 것이 바로 음식이다. 난 그걸 음식혁명이라고 부르고 싶다. 음식혁명의 시작은 내가 먹는 음식이 어떻게 만들어지고, 세상에 어떤 영향을 끼치는지 인식하는 것에서 출발한다.

완전연소

앞으로 살 날이 3년밖에 안 남았다면 어떻게 살고 싶은가? 직장을 그만 두겠다, 지금이라도 하고 싶은 일을 하면서 살겠다, 여행을 떠나겠다, 사랑하는 사람과 좀 더 많은 시간을 보내고 싶다 등등… 참 다양한 의견을 예상할 수 있다. 그런데 왜 지금 당장 그렇게 하지 못하는 것일까? 언제쯤 내가 원하는 삶을 살 수 있을까? 언제쯤 행복해질 수 있을까?

내가 지금 잘 살고 있는지를 판단하는 방법이 있다. "살 날이 1년밖에 남지 않아도 지금처럼 살고 싶다. 지금과 똑같이 살다가 죽고 싶다."는 말을 당당하게 할 수 있으면 잘 살고 있는 것이다. 반대로 지금처럼 살다가 죽으면 정말 억울할 것 같다고 생각하면 뭔가 아쉬움이 있는 삶이다. 이렇게 여한이 있는 삶은 불완전연소이고, 완벽한 삶은 완전연소에 해당한다. 불완전연소는 연기가 많이 나고 그을음도 냄새도 많이 난다. 완전연소는 그렇지 않다. 깨끗하다. 인생에서의 연기는 후회에 해당한다.

여러분은 어떤 삶을 원하는가? 난 완전연소가 되는 인생을 원한다. 여한 없이 살다 가고 싶다. 내가 좋아하는 일을 하면서 살다 깨끗하게 가고 싶다. 에너지를 온전히 모두 쓰고 죽고 싶다.

답은 반대편에 있다

감사의 반대말이 무얼까? 당연하게 생각하는 것이다. 모든 것을 당연하게 생각하는 사람에게 감사란 말은 가당치 않다. 그렇다면 리더십의 반대말은 무엇일까? 개별성과자다. 팀과는 상관없이 자기 할 일에만 충실한 사람이다. 이처럼 무슨 말의 뜻을 명확히 하는 방법 중 하나가 반대말을 생각해 보는 것이다. 몸도 그렇다. 디스크의 증상 중 하나가 다리가 저린 것이라고 한다. 신경이 그렇게 연결되어 있기 때문이다. 그렇기에 몸에 문제가 생겼을 때는 마음을 살펴야 하고, 마음이 아플 때는 몸을 움직여야 한다. 늘 이론과 실제는 서로 중요하다면서 다툰다. 책상에선 세상이 보이지 않고 현장에선 이론을 놓치기 쉽다. 이론과 실제가 합쳐질 때 힘을 발휘할 수 있다. 몸이 아플 때는 마음을 보고, 마음이 힘들 때는 몸을 살펴라. 나를 보려면 남을 보고, 남을 보려면 나를 봐야 한다. 이처럼 늘 답은 반대편에 있다. 내가 생각한 그곳이 아니라 반대편에서 의외의 실마리를 찾을 수 있다. 당신은 현재 어디가 아픈가? 어디에 해법이 있다고 생각하는가?

호사다마?

좋은 일에는 나쁜 일도 같이 온다는 말이다. 좋은 일만 오는 게 아니라 방해되는 일도 함께 온다는 사자성어다. 난 이를 다르게 해석한다. 잘 나갈 때 조심하란 것이다. 별 볼일 없을 때는 실수할 일이 없다. 실수해도 인구에 회

자되지 않는다. 그런 사람이 조금 유명해지고 어깨에 힘을 주면 실수할 가능성이 높아지고 작은 실수에도 시선이 집중된다. 운동도 그렇다. 운동을 못하거나 안 하는 사람은 부상당할 일이 별로 없다. 운동 중 부상은 운동에 재미를 붙이거나 운동이 잘 될 때 일어난다. 신이 나서 무리를 하거나, 과한 동작을 하다 부상을 입은 것이다. 잘 나갈 때 조심해야 한다. 그렇지 않으면 한 방에 훅 갈 수 있다.

완벽주의자에서 최적주의자로

늘 보고서를 늦게 제출하는 직원이 있었다. 이유를 물어보면 완벽한 보고서를 위해 애를 쓰다 그렇게 됐다는 것이다. 그런데 그가 쓴 보고서는 완벽과는 거리가 멀었다. 게다가 늦기까지 하니 늘 내게 잔소리를 들었다. 내가 그에게 한 말은 심플하다. "처음부터 100점짜리는 없다. 그냥 60점짜리를 만들고 조금씩 고쳐가자."는 것이다.

세상에는 완벽이란 이름으로 게으름을 피우는 사람들이 많다. 완벽주의자는 처음부터 지나치게 가파른 비탈길을 올라가는 거처럼 도달할 수 없는 기준을 세워 성공을 불가능하게 만든다. 또 목표를 달성해도 다시 바위를 밑으로 굴려버려 모든 것을 아무것도 아닌 것으로 만들어버린다. 완벽주의보다 최적주의가 낫다. 최적주의자는 가파르지만 노력하면 올라갈 수 있는 현실에 근거한 목표를 세운다. 목적지에 도착하면 축하하고 기뻐한다. 적당한 선에서 만족한다.

모든 일에 완벽을 기하고 모든 일을 잘 하려는 것은 어리석은 일이다. 사소한 일을 하다 정작 중요한 일을 못할 가능성이 높기 때문이다. 그런 면에서 완벽주의는 조심해야 한다. "완벽주의란 미적거리며 뒤로 미루는 것을 보기 좋게 포장한 말이 지나지 않는다. 완벽주의는 무기력의 또 다른 모습이다." 처칠의 말이다.

완벽주의는 병을 부른다. 완벽주의는 실패할 때마다 자신에게 실망하고 그런 자신으로 인해 고통을 받는다. 최적주의자는 그렇지 않다. 완벽주의자는 절대 완벽하지 않다. 완벽이란 말로 자신의 게으름을 보호하고 있을지 모른다. 끝내는 것이 완벽한 것보다 낫다. (Done Is Better Than Perfect)

14장

대인관계

존중이란?

한번은 오바마가 헬리콥터를 타기 위해 걸어가고 있었다. 헬리콥터 옆에서 보초를 서고 있는 병사가 경례를 한다. 깊은 생각에 빠진 오바마는 병사에게 시선 한 번 주지 않고 그냥 헬리콥터 안으로 들어갔다 곧바로 다시 내려온다. 그리고 병사와 악수를 나누면서 한마디 건넨다. 한 사람은 졸병, 다른 한 사람은 대통령이다. 졸병의 경례를 받지 않은 것은 매우 사소한 일이지만 오바마는 그 사소한 일을 그냥 지나치지 않았다. 리더십이란 이런 것이다. 최고의 인격, 인품, 인성을 갖춘 사람들이 평상시에 살아가는 모습이다. 오바마는 병사가 대단하기 때문에 악수를 나눈 게 아니다. 그저 같은 인간으로서 존중을 보여준 것이다. 모든 인간은 소중한 존재라는 생각을 평소에 했기에 가능한 일이다.

직원 존중

메리캐이 애쉬는 대통령 주재 백악관 리셉션에 참석해 달라는 초청을 받았다. 대부분 사람에게 이는 일생에 한 번 올까 말까 한 기회일 것이다. 하지만 메리캐이는 이를 정중히 거절했다. 왜냐하면, 신규 독립 뷰티 컨설턴트들과의 약속이 대통령을 만나는 것보다 훨씬 중요하다고 진심으로 믿었기 때문이다. 리셉션 초청 당시 매리캐이 회장은 사업차 워싱턴에 있었음에도 불구하고 달라스에 있는 신입사원 미팅에 참석하기 위해 달려갔다.

말 뿐이 아닌 행동으로, 항상 직원들을 존중하고 관심을 기울이고 그들을 진정으로 사랑하고 성장을 도운 노력이 그녀를 최고의 경영자, 최고의 리더로 만들었다.

남의 시간 무시하기

존중의 반대는 무시다. 무시(無視)란 글자 그대로 사람을 보지 않는 것이다. 사람이 앞에 있지만 그 사람을 동등한 인간으로 보지 않는 것이다. 인사를 해도 받지 않고 그가 하는 말에는 귀도 기울이지 않는다.

가장 흔한 형태의 무시는 아랫사람의 시간을 무시하는 것이다. 자기 시간만 중요하고 남의 시간은 중요하게 생각하지 않는다.

내가 아는 중견기업 회장의 주특기는 사람 기다리게 하기다. 임원회의는 평균 30분 정도 늦는다. 한 시간까지 기다린 적도 있다. 옆방에 뻔히 회장이 있지만 아무도 말을 하지 못한다. 말은 하지 않지만 그 행동 하나가 임원들에게 "너희들은 내게 아무 것도 아니다. 그냥 노예 같은 존재다. 내가 월급을 주니까 잔말 말고 기다려라."는 걸로 난 받아들인다. 외부손님도 보통 10분 정도는 기다리게 한다.

한번은 생산적인 회의를 위한 다짐을 하자고 직원들에게 복창을 시켰는데 그 중 하나가 "회의 시간에 늦지 맙시다." 였다. 한 번도 제 시간에 참석한 적 없는 회장이 늦지 말자니, 코미디도 그런 코미디가 없다. 다른 하나는 시도 때도 없이 전화해서 업무를 파악하는 것이다. 휴일이고 저녁시간이고 상관없이 전화를 한다. 그 행위 안에는 '내가 알고 싶은데 그 사람이 현재 어떤 상황인지는 전혀 중요하지 않다'라는 전제가 깔려 있다. 오만도 그런 오만은 없다. 도대체 무엇이 그를 그런 괴물로 만들었을까? 어떤 일이 일어나야 그는 반성을 할까? 살아생전 반성하는 일이 일어나긴 할까? 참으로 안타까운 일이다.

안전거리

"야!! 친한 친구잖아, 우리 사이에 무슨~~, 야 됐어!!!" 이런 이야기 한국 사회에서 살면서 안 들어본 사람 없을 것이다. 거리감이 없어야 친한 것처럼 말한다. 거리감이 없는 것이 정말 친한 사이일까? 정작 이렇게 거리감을 줄이고 들어오는 사람 치고, 온전한 속 이야기를 하는 사람들이 몇이나 될까? 또 이런 말로 사람 사이의 안전거리를 좁힘으로써 과도한 요구나 정서적 교감을 강요하는 경우가 많다. 거리감을 좁히는 순간, 관계의 균형을 잃어버린다. 선을 넘는 이런 말과 행동은 사실 건강한 관계를 해친다.

미국의 인류학자 에드워드 트위첼 홀 박사는 거리를 4단계로 나누었다. 공적인 거리는 3.6~7.5미터를 유지한다. 사회적 거리는 업무처리나 회의 등 일반적인 사회활동을 할 때 유지하는 거리로 1.2~3미터다. 개인적 거리는 친구나 익숙한 사람 또는 친지와 왕래할 때 유지하는 거리로 46센티미터~1.2미터 사이를 유지한다. 밀접한 거리는 0~46센티미터로 아이와 엄마, 연인, 부부사이의 거리를 의미한다. 이렇게 4단계로, 각각의 적정 거리가 있다. 이 거리가 무너지면 사람들은 심리적 위축을 느끼기도 하고 정서적으로 먼 거리감을 나타내기도 한다. 특히, 물리적으로 가까운 사이라고 해서 선을 넘는 행동이 정서적 거리감을 좁힐 수 있는 것은 아니다. 그래서 가족 간에 이 경계를 지키지 못하는 경우가 많다. 가장 가까운 가족이라 기대치가 높다 보니 그 기준도 높아지고 그 적정선을 지키는데 실패한다. 글사세 1기 김소정씨가 쓴 글의 일부다.

먼저 귀인이 되라

원수는 외나무다리에서 만난다. 지금의 부하직원이 내 상사가 될 수도 있고 고객이 될 수도 있다. 그렇기 때문에 만나는 모든 사람에게 정성을 다해야 한다. 지금 베푸는 작은 덕이 나중에 백 배, 천 배가 되어 돌아올 수도 있고, 지금의 무심함이 엄청난 고통으로 바뀔 수도 있다. 핵심은 가까운 사람에게 잘해야 한다는 것이다.

엘비스 프레슬리에게 매니저 톰 파커가 없었다면 그는 로큰롤의 황제가 될 수는 없었을 것이다. 세계적인 전도사 빌리 그레이엄도 그렇다. 자기 신문에 그에 대한 글을 실어 미국 대중들에게 널리 알린 윌리엄 허스트가 없었다면 불가능했다.

우리 역시 마찬가지 아닐까? 지금의 나는 혼자 힘으로 여기까지 온 것이 아니다. 부모님, 선생님을 비롯한 수많은 귀인들 덕분이다. 앞으로도 마찬가지일 것이다. 혼자 힘으로 올라가는 데는 한계가 있다. 주변이 도와주지 않으면 절대 이루어질 수 없다. 인맥의 중요성은 아무리 강조해도 지나치지 않다. 인맥을 맺는 데 핵심은 먼저 도와주는 것이다. 귀인을 만나는 첫 걸음도 내 자신이 먼저 다른 사람의 귀인이 되는 것이다. 다른 사람이 원하는 것을 얻을 수 있도록 도와준다면 당신도 원하는 것을 얻을 수 있다.

주변의 재발견

새로운 인맥을 쌓으려고 많은 비용과 시간을 들인다. 하지만 많은 사람을 안다는 것과 그들에게 좋은 평판을 듣는 것은 다른 이야기다. 너무 목적 지향적으로 사람을 만나는 것은 바람직하지 않다. 사람들은 본능적으로 그것을 구분하기 때문이다. 그보다는 사람 만나는 자체를 즐겨야 한다. 무엇을 얻을까 생각하기 보다는 무엇을 베풀까 생각하는 것이 신상에 유리하다. 이미 가진 인맥을 잘 다듬는 것도 좋다. 새로운 인맥을 쌓는데 시간을 쓰다 보면 기존 인맥을 소홀히 하기 쉽기 때문이다. 가장 중요한 것은 이미 알고 있는 사람을 재발견하는 일이다. 귀인은 늘 가까운 곳에 있다. 하지만 먼 곳을 보느라 가까운 곳을 소홀히 하는 것이 우리 인간이다.

대인관계와 요청

도움과 요청 사이에는 어떤 연관이 있을까? 인간은 사회적 동물이다. 기업도 그렇다. 사회를 떠난 조직은 존재할 수 없다. 그렇기 때문에 당연히 도움을 주고받아야 한다. 그런 면에서 도움을 요청하고 때론 도움을 받을 수 있어야 한다. 최악은 도움을 주지도 받지도 않는 것이다. 최선은 도움도 많이 주고 요청도 활발하게 하는 것이다. 하지만 많은 사람들은 요청하지 않는다. 거절에 대한 두려움 때문이다. 지레 짐작으로 포기한다. 알량한 자존심 때문이 요청하지 않는다. 혹시 요청했다 자신의 밑천이 드러날까 두렵기 때문에 요청하지 않는다.

인간은 무언가 주고받으면서 성장하는 사회적 동물이다. 주지도 않고 받지도 않으면 성장할 수 없다. 성공은 내가 하는 것이 아니라 남이 시켜주는 것이다. 그렇기 때문에 기꺼이 도움을 요청할 수 있어야 한다. 남이 주는 도움도 기꺼이 받을 수 있어야 한다.

사람을 좋아한다고?

이상한 일에 얽혀 힘들어 하는 사람에게 왜 이런 일에 휩싸였는지를 묻는다. 그럼 "제가 사람을 좋아해서 그렇습니다."란 말을 하는 사람을 가끔 만난다. 난 그 말을 들을 때마다 의문이 생긴다. '사람을 좋아한다니, 그게 무슨 말이지? 그럼 다른 사람들은 사람을 싫어하나? 난 어떤 사람이지….' 난 그의 말을 '전 사람을 가리지 않고 되는대로 아무나 만납니다. 쉽게 친해집니다. 만나는 순간 형님 아우가 되고 오래된 사이처럼 친하게 지낸다. 그러다 어느날 사기를 당하거나 뒤통수를 맞는다'로 해석한다.

과연 모든 사람을 좋아하는 게 가능할까? 가당치 않은 일이다. 어떻게 모든 사람을 다 좋아할 수 있는가? 난 절대 할 수 없는 일이다. 만나는 건 되는대로 만나지만 사귀는 건 다르다. 난 철저하게 가려서 만난다. 좋아하는 사람은 만나고, 나쁜 사람이나 나와 맞지 않는 사람은 만나지 않는다. 그게 내 철학이다. 그래서 호불호가 명확해 문제라는 피드백을 가끔 받지만 개선하고 싶지는 않다. 생긴 그대로 나와 맞는 사람, 만나면 좋은 사람, 그 자체로 괜찮은 사람만을 만나고 싶다. 제한된 시간을 살면서 뭐 때문에 싫은 사람을 만나는가? 하지만 이게 옳은지에 대해서는 자신이 없었는데 인문학자 박재희 훈장의 이야기를 듣고 생각을 고쳐먹었다. 공자는 모든 사람에게 좋은 평가 받는 사람을 조심하라고 이야기했다는 것이다. 아니 그게 대체 무슨 말일까? 좋은 사람에겐 좋은 말을 듣고, 나쁜 사람에겐 나쁜 말을 듣는 사람이 낫다는 것이다. 누구에게나 좋은 말을 듣는 사람은 교언영색을 하거나 자신의 본심을 이야기하지 않는 비겁한 사람이란 것이다. 평판은 중요하다. 하지만 누구에게나 좋은 말을 듣는 사람은 조심하란 것이다.

난 이 이야기를 듣고 반성했다. 내가 바로 그랬다는 생각이 들었기 때문이다. 그래서 방향을 수정했다. 좋은 사람에겐 좋은 말을 듣지만 나쁜 사람에겐 나쁜 말을 듣는 걸로 말이다. 당신은 어떤가? 혹시 나쁜 사람에겐 좋은 평가를, 좋은 사람에겐 나쁜 평가를 받는 건 아닌가?

벌공긍능(伐功矜能)과 명성과실(名聲過實)

　공은 내세우는 순간 사라진다. 잘 해놓고 말로 다 까먹는 사람을 이르는 말이다. 사실 다른 사람으로부터 인정을 받는 건 중요하다. 인간은 그런 존재이기 때문이다. 하지만 내 입으로 내 자랑을 하면 내 공은 반으로 줄거나 때론 사라진다. 그렇기 때문에 가능한 자기 자랑이나 자기가 얼마나 잘났는지, 자신의 똑똑함에 대해 이야기하는 것은 삼가야 한다.

　『사마천』에는 벌공긍능(伐功矜能)과 명성과실(名聲過實)의 위험에 대해 경고한다. 벌공긍능은 잘난 척하고 자기 자랑하는 걸 뜻한다. 명성과실은 글자 그대로 실제가 명성만 못하다는 말이다. 그럼 어떻게 하라는 말일까? 자신이 한 일을 가능한 숨기는 것이다. 성경 말씀대로 오른손이 한 일을 왼손이 모르게 하라는 것이다. 남들이 몰라주면 어떻게 하냐고? 그럴 수도 있지만 그 과정에서 만족하면 된다. 무슨 보상을 받으려고 착한 일을 하는 게 아니라 그 일 자체를 좋아하면 된다. 알아주면 고맙고 몰라도 할 수 없는 걸로 하면 된다. 명성과실을 줄이기 위해서는 스스로 홍보하는 일을 줄여야 한다. 개인의 브랜드가 중요하긴 하지만 브랜드란 건 길거리에서 확성기를 틀어 놓고 자신에 대해 자랑질을 한다고 생기는 건 아니다. 실력이 있고 성과가 나면 알음알음 다 알게 되어 있다. 억지로 조급하게 그럴 필요는 없다.

가정에서의 대인관계

밖에서는 잘 하는데 집안에서 잘 못하는 사람이 있다. 가족은 친하기 때문에 어떻게 대해도 상관없다고 생각한다. 하지만 그렇지 않다. 대인관계 중 가장 어려운 건 가정에서의 대인관계이다. 오히려 가정에서의 대인관계를 조심해야 한다. 그렇지 않으면 쓴 맛을 볼 수 있다.

내가 생각하는 대인관계의 원칙은 뿌린 대로 거두고, 주고받는 것이다. 우리에게 가장 상처를 쉽게 줄 수 있는 것도 가족이고, 상처를 아물게 하는 것 또한 가족이다. 친하지 않은 사람은 우리에게 상처를 줄 수 없다. 친하기 때문에 더욱 조심해야 하고 예절을 지켜야 한다. 자신의 못다한 욕망을 자식한테 풀려는 부모, 과도한 기대로 자녀의 어깨를 무겁게 하는 부모, 하지 않아야 할 말을 구분하지 못하고 마구해서 상처를 주는 부모, 남과 비교함으로써 늘 자식 마음을 아프게 하는 것…. 모든 것이 상처가 될 수 있다. 인생은 역설이다. 가장 편할 것 같은 사람에게 가장 잘 해야 한다는 점에서 그렇다.

가정의 중심에는?

중심이 확실해야 중심을 중심으로 둥근 원이 만들어진다. 만약 중심이 두 개면 찌그러진 원, 타원이 된다. 당신 가정의 중심에는 무엇이 있는가? 당연히 부부가 있어야 한다. 하지만 결혼 후에도 중심에 부모가 굳건히 있는 경우가 있다. 그럼 배우자의 입에서 "그러면 부모님과 계속 살지, 왜 나와 결혼했느냐?"는 불평이 쏟아져 나온다. 가정의 중심에 자식이 들어선 집안도 많다. 남편에게 실망한 아내가 모든 희망을 자식에게 거는 것이다. 잘 아는 중년 남성이 어느 날 술을 많이 먹고 아침에 느지막하게 일어났다. 목이 말랐던 그는 식탁 위에 사과가 예쁘게 깎아져 사과를 보았다. 자신을 위해 사과를 깎아 놓은 부인에게 감사하는 마음으로 사과를 하나 집는 순간 째지는 부인의 목소리가 들렸다. "애 먹이려고 깎은 사과를 당신이 먹으면 어떻게 해요?" 그는 그 때 가출의 충동을 느꼈단다. '나 같은 놈은 이 집에서 아무것도 아니구나, 그저 돈이나 벌어오는 기계구나.' 수험생을 위해 모든 것을 희생하는 부부, 자식의 교육을 위해 남편과 부인이 떨어져 지내는 부부 모두 바람직한 모습은 아니다. 가정의 중심에는 부부가 들어서야 한다.

없을수록 좋은 네 가지

상처의 근원은 에고(Ego)다. 상처는 누가 주는 것이 아니고 스스로 자초하는 것이다. 그렇기 때문에 에고가 강할수록 상처도 커진다. 공자는 어렵게 성장한 사람이다. 상처를 받으려면 얼마든지 받을 수 있는 사람이다. 하지만 공자가 상처를 받았다고 생각하는 사람은 없다. 그 자신도 그런 생각은 하지 않은 듯하다. 바로 네 가지가 없었기 때문이다. 무의(毋意), 무필(毋必), 무고(毋固), 무아(毋我)가 그

것이다. 제멋대로 억측하는 의가 없고, 반드시 일을 관철시키려는 태도 필이 없고, 완고함과 아집이 없었다. 관철시키려는 태도가 없다는 건 열정이 없다는 뜻이 아니다. 의지가 없다는 말도 아니다. 내가 만든 그림에 억지로 끼워 맞추려고 하지 않는다는 뜻이다. 그보다 자연스레 일을 관철시켰던 것이다.

우리의 많은 문제는 자신의 좁은 틀에 다른 사람과 세상을 억지로 끼워 맞추려는 데서 생기는 건 아닐까?

내가 없는 걸 남에게 찾지 마라

내가 생각하는 미움의 재정의는 기대의 배신인데, 가족 관계가 어려운 이유는 바로 무리한 기대 때문이다. 자신이 이루지 못한 꿈을 자식에게 기대하는 것이 대표적이다. 자신이 사법고시에 떨어졌으면 그걸 끝내야 하는데 이를 자식에게 강요해 자식을 힘들게 하는 것이다. 자신이 돈이 없고, 돈 벌 능력이 없으면 그걸 받아들이면 되는데 그걸 배우자에게 바라는 것이다. 물론 배우자가 뜻대로 돈을 잘 벌면 문제가 없지만 그렇지 않을 경우 문제가 되는 것이다. 늙을 때까지 좋은 결혼 상대를 찾아 헤매는 것도 그렇다. 세상에 존재할 수 없는 그런 사람을 이상향으로 생각하고 이를 찾으니 이게 말이 되는가? 그런 사람은 존재하지 않고, 설혹 존재해도 이 사람을 만날 이유가 없다.

당신이 없는 걸 남에게 구하는 것이 비극의 시초다. 좋은 배우자를 찾는 대신 네가 좋은 배우자감이 되라. 돈 많은 사람 찾지 말고 네가 돈을 많이 벌어라.

두려움을 극복하라

현대인 삶을 관통하는 감정은 불안과 두려움이다. 가진 사람은 가진 걸 잃지 않을까 불안하고, 없는 사람은 어떻게 해야 가질 수 있을까, 이러다 평생 이렇게 사는 건 아닐까 불안하고 두렵다. 나 역시 그랬었고 지금도 그렇긴 하지만 훨씬 강도는 약해졌다. 경제적으로 나아지고 나이가 들면서 오는 자연스런 현상이란 생각이다. 그렇다면 어떻게 해야 불안과 두려움을 극복할 수 있을까? 알랭드 보통의 조언이 도움이 될 것이다.

두려움과 불안을 벗어나지 못하는 이유는 삶을 너무 타인에게 맡기고 있기 때문이다. 진정 원하는 것과 향하는 곳을 알면 타인의 중요성은 약해진다. 걷는 길이 모호할수록 타인의 목소리와 다른 정보가 위협적으로 다가온다. 진정한 성공은 평화로운 상태에 놓이는 것이다. 이를 위해 주체적 삶을 회복하고 타인이 나를 이해하고 받아주기를 바라지 않아야 한다. 타인에게 상처를 받는다는 건 결국 자신에게 상처받는다는 것이다. 뭘 가장 두려워하는가? 가장 큰 두려움은 자신이 원하지 않는 삶을 계속 살아야 할지 모른다는 두려움이다. 두려움을 벗어나기 위해서는 원하는 삶을 살아야 하는데 이를 위해서는 원하지 않는 삶을 기꺼이 받아들이는 용기가 필요하다.

내가 너를 어떻게 키웠는데?

다 큰 자식이 속을 썩일 때 주로 어떤 말을 하는가? 보통 사람들은 '내가 너를 어떻게 키웠는데, 어쩌면 그럴 수가 있니? 라며 분해한다. 난 그 이야기를 들을 때마다 마음이 불편하다. 양희은이 부른 〈엄마가 딸에게〉이란 노래가 있다.

'난 잠시 눈을 붙인 줄 알았는데 벌써 늙어 있었고, 넌 항상 어린 아이일 줄만 알았는데 벌써 어른이 다 되었고… (중략) 난 삶에 대해 아직도 잘 모르기에 너에게 해 줄 말이 없지만, 네가 좀 더 행복해지기를 원하는 마음에 내 가슴속을 뒤져 할 말을 찾지…(중략) 공부해라, 아냐, 그건 너무 교과서야. 성실해라. 나도 그렇지 못했잖아. 사랑해라. 아냐, 그건 너무 어려워. 너의 삶을 살아라'

자식으로부터 '엄마, 참 좋은 엄마였어. 좋은 아빠였어'란 말을 듣는 것처럼 복된 일이 있을까? 부모가 되는 건 어렵지 않다. 하지만 좋은 부모 되는 건 평생이 걸려도 될까 말까 한 일이다. 꿈은 명사가 아닌 형용사다. 내덕에 네가 산 게 아니라, 네 덕에 내가 산 것이다. 네 덕에 내가 더 열심히 살았고, 더 좋은 부모가 되고 싶었다. 자녀를 위해 부모가 존재하는 것 같지만, 어쩌면 부모를 위해 자녀가 존재하는지 모른다. 자식들은 어린 시절 평생의 행복을 이미 다 주었다. 자식을 공부시키는 건 부모가 그 빚을